Esporre Fals

MW00508942

L'era della disinformazione e come le fake news si diffondono, la disinformazione sopravvive e alimenta le future guerre dell'informazione

Indice dei contenuti

Introduzione

Volete sapere come si diffondono le fake news?

"False credenze nell'era della disinformazione" è il primo libro che esplora le origini e le dinamiche delle fake news. Offre un resoconto completo di come la disinformazione e le guerre dell'informazione vengono condotte nell'era digitale e fornisce ai lettori gli strumenti per identificare e resistere a queste minacce alla democrazia.

Nell'era dei social media, chiunque può essere una "fonte di notizie". Di conseguenza, è più facile che mai che le informazioni false si diffondano e mettano radici. Una volta che le notizie false iniziano a circolare, può essere difficile fermarle. Anche se la fonte originale della storia viene screditata, spesso il danno è già fatto. Le false informazioni sono state condivise innumerevoli volte e hanno preso vita propria. In alcuni casi, le persone possono persino arrivare a credere alla notizia falsa, indipendentemente dalle prove del contrario. Questo perché il nostro cervello è predisposto a credere alle informazioni che confermano le nostre convinzioni. Di conseguenza, spesso ignoriamo o sminuiamo le informazioni che contraddicono ciò che già pensiamo. Nell'era della disinformazione, è più che mai importante essere critici nei confronti delle fonti da cui si ottengono le informazioni. Altrimenti, si corre il rischio di diffondere informazioni false e di diventare parte del problema.

Il libro mostra come le piattaforme vengano utilizzate per diffondere false credenze e disinformazione, talvolta con conseguenze disastrose. Ma si conclude con una nota di speranza, con una discussione sui modi in cui i cittadini possono diventare più informati e più resistenti alla disinformazione.

Disinformazione

La disinformazione è un'informazione scorretta o fuorviante. Si distingue dalla disinformazione, che è *deliberatamente* ingannevole. Le voci sono informazioni non attribuite a una fonte particolare, quindi inaffidabili e spesso non verificate, ma possono rivelarsi vere o false. Anche se successivamente ritrattate, le informazioni errate possono continuare a influenzare le azioni e la memoria. Le persone possono essere più inclini a credere alla disinformazione perché sono emotivamente legate a ciò che sentono o leggono. Il ruolo dei social media ha reso le informazioni facilmente disponibili in qualsiasi momento e mette in contatto vasti gruppi di persone con le loro informazioni in un unico momento. I progressi della tecnologia hanno influenzato il modo in cui comunichiamo le informazioni e il modo in cui si diffonde la disinformazione. La disinformazione ha un impatto sulla capacità delle nostre società di ricevere informazioni che poi influenzano le nostre comunità, la politica e il campo medico.

La storia

I primi esempi includono gli insulti e le calunnie diffuse tra i rivali politici nell'Italia imperiale e rinascimentale sotto forma di "pasquinate". Si tratta di versi anonimi e spiritosi che prendono il nome dalla piazza e dalla "statua parlante" di Pasquino a Roma. Nella Francia pre-rivoluzionaria, le "canards", ovvero le facciate stampate, includevano talvolta un'incisione per convincere i lettori a prenderle sul serio.

Secondo gli scrittori Renée DiResta e Tobias Rose-Stockwell, nel 1588 si diffuse in tutta Europa la falsa notizia della vittoria dell'Armada spagnola sugli inglesi (che era attesa), mentre la notizia dell'effettiva vittoria inglese arrivò molti giorni dopo.

La prima campagna di disinformazione su larga scala di cui si abbia notizia è stata la "Grande bufala della Luna", pubblicata nel 1835 sul *New York Sun,* in cui una serie di articoli affermava di descrivere la vita sulla Luna, "con tanto di illustrazioni di creature pipistrello umanoidi e unicorni blu barbuti". Le sfide legate alla produzione di massa di notizie con scadenze ravvicinate possono portare a errori di fatto e di valutazione. Un esempio è il famigerato titolo del Chicago Tribune del 1948 "Dewey sconfigge Truman".

Identificazione e correzione

Secondo Anne Mintz, curatrice di *Web of Deception: Misinformation on the Internet*, uno dei modi migliori per determinare se le informazioni sono reali è usare il buon senso. Mintz consiglia al lettore di verificare se le informazioni hanno senso e di controllare se i fondatori o i giornalisti che le diffondono sono di parte o hanno un'agenda. I giornalisti e i ricercatori cercano informazioni su altri siti (in particolare su fonti verificate come i canali di informazione), poiché è più probabile che le informazioni siano state riviste da più persone o che siano state oggetto di ricerche approfondite, fornendo così dettagli più affidabili.

Martin Libicki, autore di *Conquest In Cyberspace: National Security and Information Warfare*, ha osservato che i lettori devono valutare ciò che è corretto o scorretto. I lettori non possono essere creduloni, ma non devono nemmeno avere la paranoia che tutte le informazioni siano errate. C'è sempre la possibilità che anche i lettori che raggiungono questo equilibrio credano che un errore sia vero o che una verità sia un errore.

Il livello di istruzione formale e l'alfabetizzazione mediatica di una persona sono correlati alla sua capacità di riconoscere la disinformazione. Ciò significa che se una persona ha maggiore familiarità con il contenuto e il processo di ricerca e presentazione delle informazioni o è più abile nel valutare criticamente le informazioni di qualsiasi fonte, ha maggiori probabilità di identificare correttamente la disinformazione. Una maggiore alfabetizzazione potrebbe non portare a una migliore capacità di individuare la disinformazione, poiché un certo livello di alfabetizzazione potrebbe essere usato per "giustificare la credenza nella disinformazione". Ulteriori ricerche rivelano che i descrittori di contenuto possono avere effetti diversi sulla capacità delle persone di individuare la disinformazione.

Sulla base del lavoro di Scheufele e Krause, la disinformazione presenta diversi livelli sociali che si manifestano a livello individuale, di gruppo e sociostrutturale. A livello di radice individuale della disinformazione, gli sforzi hanno cercato di concentrarsi sulla capacità individuale del cittadino di riconoscere la disinformazione o l'informazione errata e quindi di correggere le proprie opinioni in base a quanto ricevuto. Le soluzioni proposte per questi casi utilizzano il lato delle notizie che vanno dall'alterazione degli algoritmi che individuano la radice delle fake news o il fact check di questi diversi siti. La preoccupazione è che l'"incapacità di riconoscere la disinformazione" porti a ritenere che tutti i cittadini siano disinformati e quindi incapaci di discernere e valutare logicamente le informazioni che emergono dai social media. La minaccia maggiore è rappresentata dalla "capacità di valutazione" che manca agli individui per capire e identificare le fonti di parte, datate o di sfruttamento. È interessante notare che il rapporto di Pew Research ha rivelato che circa un americano adulto su quattro ha ammesso di aver condiviso informazioni errate sulle proprie piattaforme di social media. Anche la qualità dell'alfabetizzazione mediatica è parte del problema che contribuisce al livello di disinformazione individuale. Di conseguenza, l'invito a migliorare l'alfabetizzazione mediatica è una necessità per educare i singoli cittadini alle fake news. Altri fattori che influenzano la disinformazione a livello individuale sono le motivazioni e le emozioni che influenzano i processi di ragionamento motivati.

La seconda radice è a livello di gruppo. Le reti sociali delle persone sono realmente cambiate con l'evoluzione dell'ambiente dei social media. In questo modo, si è creata una rete di reti sociali diversa che consente agli individui di "divulgare selettivamente" informazioni che, purtroppo, hanno un formato distorto. Come tutti abbiamo visto gli effetti del gioco del telefono con un grande gruppo di persone, lo stesso concetto con le credenze più diffuse diventa il più ripetuto. Il problema di smascherare la disinformazione è che può ritorcersi contro, perché le persone si basano solo sulle informazioni familiari a cui sono state appena esposte. Il problema dei gruppi sociali omogenei è che alimentano una mentalità di disinformazione che permette di accettare la falsità in quanto appare come una "norma" sociale a causa della diminuzione delle informazioni contraddittorie. Queste reti sociali creano un effetto di "raggruppamento" che può sfociare in "variazioni specifiche delle voci". Queste variazioni di voci fanno sì che le credenze siano percepite come più popolari di quanto non siano in realtà, causando una cascata di voci su queste reti sociali.

Il terzo livello di disinformazione è quello sociale, influenzato sia dal livello individuale che da quello di gruppo. Le figure comuni associate alla disinformazione sono i politici e altri attori politici che cercano di plasmare l'opinione pubblica a loro favore. Il ruolo dei mass media è quello di essere un agente correttivo per prevenire la disinformazione dei cittadini americani. L'obiettività è stata un filo conduttore che è mancato ai media americani, contribuendo alla piaga della disinformazione. La stampa si è evoluta in radio, televisione e ora in Internet, che vanno di pari passo con attori commerciali pagati per generare contenuti su misura per attirare gli spettatori. L'intento è quello di raggiungere un pubblico mirato, cosa che è cambiata drasticamente con esempi come Facebook, che utilizza le proprie fonti per raccogliere dati e strumenti di "profilazione" che tracciano le preferenze degli utenti per i prodotti e consentono annunci ipertargettizzati per quello spettatore. Questi annunci non solo sono ipertargettizzati, ma competono anche per l'attenzione del pubblico più giovane sui social media, limitando la quantità di fonti di notizie visualizzate su base giornaliera. La condizione della nostra società a questo punto è citata al meglio dal cofondatore di Axios Jim VandeHei, il quale ha affermato che ""La sopravvivenza... dipende dal dare ai lettori ciò che vogliono veramente, come lo vogliono, quando lo vogliono, e dal non spendere troppi soldi per produrre ciò che non vogliono"". Purtroppo, questo è il clima della nostra cultura quando si parla di qualità delle notizie. Il cambiamento di queste realtà giornalistiche è attribuito alle "mega-tendenze sociali" che hanno contribuito enormemente al problema della disinformazione negli Stati Uniti. Inoltre, il declino del capitale sociale, la polarizzazione politica, il divario nelle disuguaglianze economiche, il declino della fiducia nella scienza e il modo in cui i partiti sono suscettibili anche alla disinformazione.

Fattori cognitivi

Ricerche precedenti suggeriscono che può essere difficile annullare gli effetti della disinformazione una volta che gli individui la credono vera e che la verifica dei fatti può ritorcersi contro. Gli individui possono desiderare di giungere a una certa conclusione, inducendoli ad accettare le informazioni che la supportano. Gli individui sono più propensi ad aggrapparsi alle informazioni e a condividerle se queste risuonano emotivamente con loro.

Gli individui creano modelli mentali e schemi per comprendere il loro ambiente fisico e sociale. Le informazioni errate che vengono incorporate in un modello mentale, soprattutto per lunghi periodi di tempo, saranno più difficili da affrontare, poiché gli individui preferiscono avere un modello mentale completo. In questo caso, è necessario correggere la disinformazione sia confutandola sia fornendo informazioni accurate che possano funzionare nel modello mentale. Quando si cerca di correggere la disinformazione, è importante considerare le ricerche precedenti che hanno identificato strategie efficaci e inefficaci. La semplice fornitura di informazioni corrette non è sufficiente a correggere gli effetti della disinformazione e può addirittura avere un effetto negativo. A causa dell'euristica della familiarità, le informazioni che sono familiari hanno maggiori probabilità di essere credute vere; i messaggi correttivi che contengono una ripetizione della disinformazione originale possono provocare un aumento della familiarità e causare un effetto di ritorno di fiamma.

Tra i fattori che contribuiscono all'efficacia di un messaggio correttivo vi sono il modello mentale o la visione del mondo di un individuo, l'esposizione ripetuta alla disinformazione, il tempo trascorso tra la disinformazione e la correzione, la credibilità delle fonti e la coerenza relativa della disinformazione e del messaggio correttivo. I messaggi correttivi saranno più efficaci quando saranno coerenti e/o in linea con la visione del mondo del pubblico. Saranno meno efficaci quando si ritiene che la disinformazione provenga da una fonte credibile, viene ripetuta prima della correzione (anche se la ripetizione avviene nel processo di debunking) e/o quando c'è un intervallo di tempo tra l'esposizione della disinformazione e il messaggio correttivo. Inoltre, i messaggi correttivi trasmessi dalla fonte originale della disinformazione tendono a essere più efficaci.

Contrastare la disinformazione

Una soluzione suggerita per la prevenzione della disinformazione è un meccanismo di consenso distribuito per convalidare l'accuratezza delle affermazioni, con un'adeguata segnalazione o rimozione dei contenuti ritenuti falsi o fuorvianti. Un altro approccio è quello di "vaccinarsi" contro la disinformazione, fornendo una disinformazione indebolita che avverta dei pericoli della disinformazione stessa. Ciò include le controargomentazioni e la dimostrazione delle tecniche utilizzate per fuorviare. Un modo per applicare questo metodo è quello di utilizzare l'argomentazione parallela, in cui la logica errata viene trasferita a una situazione parallela (ad esempio, un'estremità o un'assurdità condivisa). Questo approccio espone la cattiva logica senza bisogno di spiegazioni complicate.

L'individuazione o l'eliminazione di affermazioni false nei media mediante algoritmi di controllo dei fatti sta diventando una tattica sempre più comune per combattere la disinformazione. I programmi informatici che rilevano automaticamente la disinformazione sono appena nati, ma algoritmi simili sono già presenti su Facebook e Google. Google fornisce informazioni supplementari che rimandano a siti web di fact-checking in risposta alla ricerca di termini controversi da parte dei suoi utenti. Allo stesso modo, gli algoritmi rilevano e avvisano gli utenti di Facebook che ciò che stanno per condividere è probabilmente falso.

Un problema comunemente sollevato è l'eccessiva censura di piattaforme come Facebook e Twitter. Molti attivisti per la libertà di parola sostengono che la loro voce non viene ascoltata e che i loro diritti vengono tolti. Per combattere la diffusione della disinformazione, le piattaforme di social media hanno spesso il compito di trovare un terreno comune tra la libertà di parola e la diffusione della disinformazione sulle rispettive piattaforme.

Sono stati creati siti web per aiutare le persone a discernere i fatti dalla finzione. Ad esempio, il sito FactCheck.org si propone di verificare i fatti dei media, in particolare le storie politiche virali. Il sito comprende anche un forum in cui le persone possono porre domande aperte sulle informazioni. Siti simili consentono ai singoli di copiare e incollare informazioni errate in un motore di ricerca e il sito le esaminerà. Facebook e Google hanno aggiunto ai loro siti programmi di fact-checking automatico e hanno creato la possibilità per gli utenti di segnalare le informazioni che ritengono false. Un modo in cui i programmi di fact-checking trovano la disinformazione consiste nell'analizzare il linguaggio e la sintassi delle notizie. Un altro modo è che i fact-checkers possono cercare informazioni esistenti sull'argomento e confrontarle con le notizie messe online.

Cause

Storicamente, le persone si sono affidate a giornalisti e altri professionisti dell'informazione per trasmettere fatti e verità. Molte cose diverse causano errori di comunicazione, ma il fattore di fondo è l'alfabetizzazione informativa. Poiché le informazioni sono distribuite con vari mezzi, spesso è difficile per gli utenti porsi domande sulla credibilità. Molte fonti di disinformazione online utilizzano tecniche per ingannare gli utenti e far loro credere che i loro siti siano legittimi e che le informazioni che generano siano reali. Spesso la disinformazione può avere motivazioni politiche. Ad esempio, siti web come USConservativeToday.com hanno pubblicato informazioni false per ottenere vantaggi politici e monetari. Un altro ruolo della disinformazione è quello di distrarre l'attenzione del pubblico da informazioni negative su una determinata persona e/o su questioni politiche. Oltre al guadagno politico e finanziario, la disinformazione può essere diffusa anche involontariamente.

È stato dimostrato che la disinformazione citata con collegamenti ipertestuali aumenta la fiducia dei lettori. La fiducia è ancora più alta quando questi collegamenti ipertestuali rimandano a riviste scientifiche, e ancora di più quando i lettori non cliccano sulle fonti per indagare da soli. Fidarsi di una fonte potrebbe portare a diffondere disinformazione involontariamente.

La disinformazione è talvolta un effetto collaterale involontario dei pregiudizi. Opinioni sbagliate possono portare alla diffusione involontaria di informazioni errate, quando gli individui non hanno intenzione di diffondere una propaganda falsa, ma le informazioni false che condividono non sono verificate e referenziate. Anche se questo può essere il caso, ci sono molti casi in cui le informazioni sono intenzionalmente distorte o tralasciano dettagli e fatti importanti. La disinformazione potrebbe essere fuorviante, piuttosto che completamente falsa.

La ricerca documenta "il ruolo delle élite politiche nel plasmare la copertura giornalistica e l'opinione pubblica sulle questioni scientifiche".

Un'altra ragione della recente diffusione della disinformazione potrebbe essere la mancanza di conseguenze. Con poche o nessuna ripercussione, nulla impedisce alle persone di pubblicare informazioni fuorvianti. Il guadagno che traggono dal potere di influenzare le menti altrui è maggiore dell'impatto di un post rimosso o di un ban temporaneo su Twitter. Questo costringe le singole aziende a imporre regole e politiche per stabilire quando la "libertà di parola" delle persone ostacola la qualità della vita degli altri utenti.

Disinformazione online

I media digitali e sociali possono contribuire alla diffusione della disinformazione, ad esempio quando gli utenti condividono informazioni senza averne prima verificato la legittimità. È più probabile che le persone incontrino informazioni online basate su algoritmi personalizzati. Google, Facebook e Yahoo News generano tutti newsfeed in base alle informazioni che conoscono sui nostri dispositivi, sulla nostra posizione e sui nostri interessi online. Anche se due persone possono cercare la stessa cosa nello stesso momento, è molto probabile che ottengano risultati diversi in base a ciò che la piattaforma ritiene rilevante per i loro interessi, vero o falso che sia.

Una tendenza emergente nell'ambiente dell'informazione online è "il passaggio dal discorso pubblico alla messaggistica privata, più effimera", che rappresenta una sfida per contrastare la disinformazione.

Contromisure

Un rapporto della Royal Society elenca le contromisure potenziali o proposte:

- Sistemi di rilevamento automatico (ad esempio per segnalare o aggiungere contesto e risorse ai contenuti)

- Settore emergente dell'anti-misinformazione (ad esempio, organizzazioni che combattono la disinformazione scientifica)

- Tecnologia per il miglioramento della provenienza (cioè per consentire alle persone di determinare la veridicità di un'affermazione, di un'immagine o di un video).

- API per la ricerca (cioè per l'utilizzo per individuare, comprendere e contrastare la disinformazione)

- Astanti attivi

- Moderazione comunitaria (di solito di volontari non retribuiti e non formati, spesso indipendenti)

- Antivirali (ad esempio, limitazione del numero di volte in cui un messaggio può essere inoltrato nelle chat crittografate nel rispetto della privacy)

- Intelligenza collettiva (esempi sono Wikipedia, dove più redattori perfezionano gli articoli enciclopedici, e i siti di domande e risposte dove i risultati sono valutati anche da altri, in modo simile alla peer-review)

- Istituzioni e dati affidabili

- Media literacy (aumentare la capacità dei cittadini di utilizzare le TIC per trovare, valutare, creare e comunicare informazioni, una competenza essenziale per i cittadini di tutte le età)

  - L'alfabetizzazione mediatica è insegnata nelle scuole pubbliche estoni - dall'asilo alle superiori - dal 2010 ed è "considerata importante quanto la matematica, la scrittura o la lettura".

A grandi linee, il rapporto raccomanda di costruire una resistenza alla disinformazione scientifica e un ambiente di informazione online sano e di non far rimuovere i contenuti offensivi. Il rapporto avverte che la censura potrebbe, ad esempio, spingere la disinformazione e le comunità associate "verso angoli di Internet più difficili da affrontare".

Il ruolo dei social media

Nell'era dell'informazione, i siti di social network sono diventati un importante agente per la diffusione di disinformazione, fake news e propaganda. La disinformazione sui social media si diffonde rapidamente rispetto ai media tradizionali, a causa della mancanza di regolamentazione e di esame prima della pubblicazione. Questi siti offrono agli utenti la possibilità di diffondere rapidamente le informazioni ad altri utenti senza richiedere il permesso di un guardiano, come un editore, che potrebbe altrimenti richiedere la conferma della verità prima di consentire la pubblicazione. Oggi i giornalisti sono criticati per aver contribuito alla diffusione di informazioni false su queste piattaforme sociali, ma le ricerche dimostrano che essi svolgono anche un ruolo di contenimento attraverso lo smascheramento e la smentita delle voci false.

Le piattaforme dei social media consentono una facile diffusione della disinformazione. Le ragioni specifiche per cui la disinformazione si diffonde così facilmente attraverso i social media rimangono sconosciute. Uno studio del 2018 su Twitter ha stabilito che, rispetto alle informazioni accurate, quelle false si diffondono in modo significativamente più veloce, più lontano, più profondo e più ampio. Allo stesso modo, una ricerca su Facebook ha rilevato che la disinformazione aveva maggiori probabilità di essere cliccata rispetto alle informazioni concrete. Combattere la sua diffusione è difficile per due motivi: la profusione di fonti di informazione e la generazione di "camere dell'eco". La profusione di fonti di informazione rende più difficile il compito del lettore di valutare l'affidabilità delle informazioni, accentuato dai segnali sociali inaffidabili che accompagnano tali informazioni. Le camere d'eco e le bolle di filtraggio derivano dall'inclinazione delle persone a seguire o sostenere individui che la pensano allo stesso modo. Senza informazioni diverse che contrastino le falsità o l'accordo generale all'interno di gruppi sociali isolati, alcuni sostengono che il risultato sia l'assenza di una realtà collettiva. Sebbene i siti di social media abbiano modificato i loro algoritmi per evitare la diffusione di fake news, il problema esiste ancora. Inoltre, la ricerca ha dimostrato che le persone, pur conoscendo ciò che la comunità scientifica ha dimostrato come un fatto, possono rifiutarsi di accettarlo come tale.

L'influenza dei social media può essere sostenuta da studiosi come Ghosh e Scott, che hanno indicato che la disinformazione sta "diventando inarrestabile". È stato anche osservato che la disinformazione e l'informazione sbagliata ritornano più volte sui siti di social media. Una ricerca ha osservato il processo di tredici voci apparse su Twitter e ha notato che undici di quelle stesse storie sono riemerse più volte, dopo che era passato molto tempo.

Anche un'applicazione di social media chiamata Parler ha causato molto caos. Gli utenti di destra di Twitter che erano stati banditi dall'app si sono spostati su Parler dopo gli scontri di Capitol Hill e l'app è stata usata per pianificare e facilitare altre attività illegali e pericolose. Google e Apple hanno poi ritirato l'app dall'App Store. Questa app è stata in grado di causare molta disinformazione e parzialità nei media, consentendo ulteriori incidenti politici.

Un'altra ragione per cui la disinformazione si diffonde sui social media è rappresentata dagli stessi utenti. In uno studio è stato dimostrato che le ragioni più comuni per cui gli utenti di Facebook condividevano informazioni errate erano di natura sociale, anziché prendere sul serio le informazioni. Anche se gli utenti non diffondono informazioni false per motivi di cattiveria, la disinformazione viene comunque diffusa. Una ricerca dimostra che la disinformazione introdotta attraverso un formato sociale influenza gli individui in misura drasticamente maggiore rispetto alla disinformazione fornita in modo non sociale. La copertura della disinformazione da parte di Facebook è diventata un argomento scottante con la diffusione della COVID-19, in quanto alcuni rapporti indicavano che Facebook raccomandava pagine contenenti disinformazione sulla salute. Ad esempio, questo si può notare quando un utente mette "mi piace" a una pagina Facebook anti-vax. Automaticamente, all'utente vengono raccomandate sempre più pagine anti-vax. Inoltre, alcuni fanno riferimento all'incoerente censura di Facebook nei confronti della disinformazione che ha portato a decessi dovuti alla COVID-19. Larry Cook, il creatore dell'organizzazione "Stop Mandatory Vaccination", ha fatto soldi postando false notizie anti-vax sui social media. Ha pubblicato più di 150 post rivolti alle donne che hanno avuto oltre 1,6 milioni di visualizzazioni e ha guadagnato su ogni click e condivisione.

Twitter è una delle piattaforme più concentrate per quanto riguarda il coinvolgimento nelle fake news politiche. L'80% delle fonti di fake news è condiviso dallo 0,1% degli utenti, che sono i "supercondivisori". Anche gli utenti più anziani e più conservatori hanno maggiori probabilità di interagire con le fake news. Su Facebook, gli adulti di età superiore ai 65 anni sono sette volte più propensi a condividere fake news rispetto agli adulti di età compresa tra i 18 e i 29 anni. Un'altra fonte di disinformazione su Twitter sono gli account bot, soprattutto per quanto riguarda il cambiamento climatico. La disinformazione diffusa dai bot è stata difficile da affrontare per le piattaforme di social media. Facebook ha stimato l'esistenza di fino a 60 milioni di bot troll che diffondono attivamente la disinformazione sulla propria piattaforma e ha adottato misure per fermare la diffusione della disinformazione, con una conseguente diminuzione, anche se la disinformazione continua a esistere sulla piattaforma.

La diffusione spontanea di disinformazione sui social media avviene di solito grazie alla condivisione da parte degli utenti di post di amici o di pagine seguite reciprocamente. Questi post sono spesso condivisi da qualcuno di cui il condivisore ritiene di potersi fidare. Altre disinformazioni vengono create e diffuse con intento malevolo. A volte per causare ansia, altre volte per ingannare il pubblico. Ci sono casi in cui le voci sono create con intento malevolo, ma condivise da utenti inconsapevoli.

Grazie all'ampio pubblico che può essere raggiunto e agli esperti di vari argomenti presenti sui social media, alcuni ritengono che questi ultimi possano anche essere la chiave per correggere la disinformazione.

I modelli basati su agenti e altri modelli computazionali sono stati utilizzati dai ricercatori per spiegare come le false credenze si diffondano attraverso le reti. L'analisi della rete epistemica è un esempio di metodo computazionale per valutare le connessioni nei dati condivisi in una rete di social media o in una rete simile. In *The Misinformation Age: How False Beliefs Spread (L'era della disinformazione: come si diffondono le false credenze)*, un libro commerciale della filosofa Cailin O'Connor e del fisico James Owen Weatherall, gli autori hanno utilizzato una combinazione di casi di studio e modelli basati su agenti per mostrare come si diffondono le false credenze sui social media e sulle reti scientifiche. Questo libro analizza la natura sociale della ricerca scientifica, la natura del flusso di informazioni tra scienziati, propagandisti e politici e la diffusione di false credenze tra la popolazione generale.

Mancanza di revisione tra pari

Grazie alla natura e alla struttura decentralizzata di Internet, i creatori di contenuti possono facilmente pubblicarli senza essere obbligati a sottoporsi a una revisione paritaria, a dimostrare le proprie qualifiche o a fornire una documentazione di supporto. Mentre i libri delle biblioteche sono stati generalmente rivisti e modificati da un editore, da una casa editrice e così via, non si può presumere che le fonti di Internet siano controllate da altri che non siano i loro autori. Le informazioni errate possono essere prodotte, riprodotte e pubblicate immediatamente sulla maggior parte delle piattaforme online.

Accuse di censura

I siti di social media come Facebook e Twitter si sono ritrovati a difendersi dalle accuse di censura per aver rimosso post ritenuti di disinformazione. Le politiche di censura dei social media che si basano sulle linee guida emanate dalle agenzie governative per determinare la validità delle informazioni hanno suscitato critiche per il fatto che tali politiche hanno l'effetto indesiderato di soffocare il dissenso e le critiche alle posizioni e alle politiche del governo. Più di recente, le società di social media hanno dovuto affrontare critiche per aver presumibilmente censurato prematuramente la discussione sull'ipotesi di fuga dal laboratorio del virus SARS-CoV 2.

Altre accuse di censura sembrano derivare da tentativi di evitare che i consumatori dei social media si autolesionino attraverso l'uso di trattamenti per la COVID-19 non provati. Ad esempio, nel luglio 2020, è diventato virale un video in cui la dottoressa Stella Immanuel sosteneva che l'idrossiclorochina fosse una cura efficace per la COVID-19. Nel video, Immanuel suggeriva che non c'era bisogno di maschere, di chiudere le scuole o di qualsiasi tipo di chiusura economica, attestando che la sua presunta cura era altamente efficace nel trattamento delle persone infette dal virus. Il video è stato condiviso 600.000 volte e ha ricevuto quasi 20 milioni di visualizzazioni su Facebook prima di essere eliminato per aver violato le linee guida della comunità sulla diffusione di disinformazione. Il video è stato rimosso anche su Twitter durante la notte, ma non prima che l'ex presidente Donald Trump lo condividesse sulla sua pagina, seguita da oltre 85 milioni di utenti di Twitter. Il direttore del NIAID, Dr. Anthony Fauci, e i membri dell'Organizzazione Mondiale della Sanità (OMS) hanno rapidamente screditato il video, citando studi su larga scala sull'idrossiclorochina che dimostrano che non è un trattamento efficace per la COVID-19, e la FDA ha messo in guardia dall'usarla per trattare i pazienti affetti da COVID-19 in seguito all'evidenza di gravi problemi cardiaci insorti in pazienti che hanno assunto il farmaco.

Un altro importante esempio di rimozione della disinformazione, criticato da alcuni come esempio di censura, è stato il servizio del *New York Post* sui laptop di Hunter Biden, utilizzato per promuovere la teoria del complotto Biden-Ucraina. Le società di social media hanno rapidamente rimosso il servizio e l'account Twitter del *Post* è stato temporaneamente sospeso. Oltre 50 funzionari dell'intelligence hanno ritenuto che la divulgazione di e-mail presumibilmente appartenenti al figlio di Joe Biden avesse tutti i "classici segni di un'operazione informativa russa". In seguito sono emerse prove che almeno una parte del contenuto del portatile era autentica.

Mass media, fiducia e trasparenza

La concorrenza nelle notizie e nei media

Poiché le organizzazioni giornalistiche e i siti web competono per gli spettatori, c'è bisogno di efficienza nel diffondere le storie al pubblico. Il panorama dei media negli anni '70 offriva ai consumatori americani l'accesso a una selezione limitata, ma spesso coerente, di notizie, mentre oggi i consumatori si trovano di fronte a un'abbondanza di voci online. Questa crescita della scelta dei consumatori in materia di media consente loro di scegliere una fonte di notizie che può allinearsi ai loro pregiudizi, aumentando di conseguenza la probabilità di essere disinformati. Nel 2017 il 47% degli americani ha indicato i social media come fonte principale di notizie rispetto alle fonti tradizionali. Le società di informazione spesso trasmettono storie 24 ore su 24 e diffondono le ultime notizie nella speranza di sottrarre quote di pubblico ai loro concorrenti. Le notizie possono anche essere prodotte a un ritmo che non sempre consente il fact-checking o la raccolta o la diffusione di tutti i fatti ai media in una sola volta, lasciando che i lettori o gli spettatori inseriscano le proprie opinioni e possibilmente portando alla diffusione della disinformazione.

Informazioni imprecise da parte dei media

Un sondaggio Gallup reso pubblico nel 2016 ha rilevato che solo il 32% degli americani si fida dei mass media "per riportare le notizie in modo completo, accurato e corretto", il numero più basso nella storia di quel sondaggio. Un esempio di cattiva informazione da parte dei media che ha portato alla diffusione della disinformazione si è verificato nel novembre 2005, quando Chris Hansen su *Dateline NBC ha* affermato che le forze dell'ordine stimano che 50.000 predatori siano online in qualsiasi momento. In seguito, il procuratore generale degli Stati Uniti dell'epoca, Alberto Gonzales, ha ripetuto l'affermazione. Tuttavia, il numero utilizzato da Hansen nel suo servizio non aveva alcun fondamento. Hansen ha detto di aver ricevuto l'informazione dall'esperto di *Dateline* Ken Lanning, ma Lanning ha ammesso di aver inventato il numero di 50.000 perché non c'erano dati certi su questo numero. Secondo Lanning, ha usato 50.000 perché sembra un numero reale, né troppo grande né troppo piccolo, e lo ha definito un "numero di Goldilocks". Il reporter Carl Bialik afferma che il numero 50.000 viene usato spesso nei media per stimare i numeri quando i giornalisti non sono sicuri dei dati esatti.

L'ipotesi della novità, creata da Soroush Vosoughi, Deb Roy e Sinan Aral quando volevano saperne di più su cosa attrae le persone alle notizie false. Hanno scoperto che le persone sono connesse attraverso le emozioni. Nel loro studio, hanno confrontato i tweet falsi condivisi su Twitter con il totale dei contenuti twittati, osservando in particolare gli utenti e le informazioni false e vere che hanno condiviso. Hanno imparato che le persone sono connesse attraverso le loro emozioni, le voci false hanno suggerito più sorpresa e disgusto che hanno attirato le persone, mentre le voci vere hanno attirato più tristezza, gioia e fiducia. Questo studio ha mostrato quali emozioni hanno maggiori probabilità di causare la diffusione di notizie false.

Diffidenza

La disinformazione è stata spesso associata al concetto di fake news, che alcuni studiosi definiscono come "informazioni fabbricate che imitano i contenuti dei media nella forma ma non nel processo organizzativo o nell'intento". La disinformazione intenzionale, chiamata disinformazione, si è normalizzata in politica e su temi di grande importanza per l'opinione pubblica, come il cambiamento climatico e la pandemia COVID-19. La disinformazione intenzionale ha causato danni irreversibili alla comprensione e alla fiducia del pubblico. Egelhofer et al. hanno sostenuto che l'ampia adozione da parte dei media del termine "fake news" è servita a normalizzare questo concetto e a stabilizzare l'uso di questa parola d'ordine nel nostro linguaggio quotidiano (2021). Goldstein (2021) ha discusso la necessità per le agenzie e le organizzazioni governative di aumentare la trasparenza delle loro pratiche o dei loro servizi utilizzando i social media. Le aziende possono quindi utilizzare le piattaforme offerte dai social media e portare avanti la piena trasparenza al pubblico. Se utilizzati in modo strategico, i social media possono offrire a un'agenzia o a un'agenda (ad esempio, campagne politiche o vaccini) un modo per connettersi con il pubblico e offrire alle persone un luogo dove seguire le notizie e gli sviluppi.

Nonostante molti esempi popolari provengano dagli Stati Uniti, la disinformazione è diffusa in tutto il mondo. Nel Regno Unito, molte persone hanno seguito e creduto a una teoria cospirativa secondo cui il Coronavirus sarebbe legato alla rete 5G, un'idea popolare nata da una serie di hashtag su Twitter.

La disinformazione può anche essere usata per sviare le responsabilità. Ad esempio, l'uso ripetuto di armi chimiche da parte della Siria è stato oggetto di una campagna di disinformazione volta a prevenire le responsabilità [cfr. Steward, M. (2021). Nel suo articolo *Defending Weapons Inspections from the Effects of Disinformation (Difendere le ispezioni sulle armi dagli effetti della disinformazione)*, Stewart mostra come la disinformazione sia stata usata per nascondere e disinformare di proposito il pubblico sulle violazioni del diritto internazionale da parte della Siria. L'intento era quello di creare una negazione plausibile delle violazioni, facendo sì che le discussioni sulle possibili violazioni fossero considerate come voci non veritiere. Poiché le campagne di disinformazione sono state così efficaci e normalizzate, anche la parte avversa ha iniziato a fare affidamento sulla disinformazione per evitare ripercussioni su un comportamento sfavorevole da parte di coloro che spingono una contro-narrazione.

Secondo Melanie Freeze (Freeze et al., 2020), nella maggior parte dei casi il danno della disinformazione può essere irreparabile. Freeze ha esaminato se le persone possono ricordare accuratamente un evento quando viene loro presentata una disinformazione dopo che l'evento si è verificato. I risultati hanno mostrato che il ricordo di un evento politico può essere alterato se gli viene presentata una disinformazione sull'evento stesso. Lo studio ha anche evidenziato che, se una persona è in grado di identificare i segnali di avvertimento della disinformazione, ha comunque difficoltà a trattenere le informazioni accurate rispetto a quelle inesatte. Inoltre, i risultati hanno dimostrato che le persone possono scartare completamente le informazioni accurate se considerano erroneamente una fonte di notizie come "fake news" o inaffidabile e potenzialmente ignorare informazioni completamente credibili. Alyt Damstra (Damstra et al., 2021) afferma che la disinformazione esiste fin dalla nascita della stampa, lasciando così poco spazio alla domanda su come sia stata normalizzata oggi.

Alexander Lanoszka (2019) ha sostenuto che le fake news non devono essere viste come una guerra senza ritorno. La disinformazione può creare un senso di caos e anarchia sociale. Con una profonda sfiducia, nessuna singola idea può andare avanti con successo. Con l'esistenza di sforzi malevoli per disinformare, il progresso desiderato può basarsi sulla fiducia nelle persone e nei loro processi.

La disinformazione è stata uno dei principali argomenti di discussione durante le elezioni presidenziali americane del 2016, con la denuncia di siti di social media che hanno permesso la diffusione di "fake news". È stato riscontrato che l'esposizione alla disinformazione è associata a un aumento generale della fiducia politica da parte di coloro che si schierano con il governo al potere o di coloro che si autodefiniscono politicamente moderati. I social media sono diventati polarizzati e politici durante le elezioni presidenziali degli Stati Uniti del 2020: alcuni sostenevano che la disinformazione sul COVID-19 fosse circolata, creando scetticismo nei confronti di argomenti come i vaccini e di figure come il dottor Fauci. Altri sostengono che piattaforme come Facebook abbiano censurato in modo incostituzionale le voci conservatrici, diffondendo disinformazione per convincere gli elettori.

La polarizzazione sulle piattaforme dei social media ha portato le persone a mettere in dubbio la fonte delle loro informazioni. Lo scetticismo nelle piattaforme di notizie ha creato una grande sfiducia nei confronti dei media. Spesso la disinformazione viene mescolata per sembrare vera. La disinformazione non implica semplicemente una falsa informazione. Le piattaforme dei social media possono essere un luogo facile per distorcere e manipolare i fatti per mostrare una visione diversa di un argomento, spesso cercando di dipingere un quadro negativo degli eventi.

Impatto

La disinformazione può influenzare tutti gli aspetti della vita. Allcott, Gentzkow e Yu concordano sul fatto che la diffusione della disinformazione attraverso i social media è una potenziale minaccia per la democrazia e per la società in generale. Gli effetti della disinformazione possono portare al declino dell'accuratezza delle informazioni e dei dettagli degli eventi. Quando si origliano le conversazioni, si possono raccogliere fatti che potrebbero non essere sempre veri, oppure il destinatario potrebbe ascoltare il messaggio in modo errato e diffondere l'informazione ad altri. Su Internet si possono leggere contenuti che si dichiarano veritieri, ma che potrebbero non essere stati controllati o essere errati. Nei notiziari, le aziende possono enfatizzare la velocità con cui ricevono e inviano informazioni, ma non sempre i fatti sono corretti. Questi sviluppi contribuiscono al modo in cui la disinformazione può continuare a complicare la comprensione dei problemi da parte del pubblico e a fungere da fonte per la formazione di convinzioni e atteggiamenti.

Per quanto riguarda la politica, alcuni ritengono che essere un cittadino disinformato sia peggio che essere un cittadino non informato. I cittadini disinformati possono affermare con sicurezza le proprie convinzioni e opinioni, influenzando così le elezioni e le politiche. Questo tipo di disinformazione si verifica quando un oratore appare "autorevole e legittimo", pur diffondendo informazioni errate. Quando le informazioni sono presentate in modo vago, ambiguo, sarcastico o parziale, i destinatari sono costretti a mettere insieme le informazioni e a formulare ipotesi su ciò che è corretto. La disinformazione ha il potere di influenzare le elezioni pubbliche e i referendum se acquisisce sufficiente slancio. Prima del referendum sull'adesione del Regno Unito all'Unione Europea del 2016, ad esempio, una cifra ampiamente diffusa dalla campagna Vote Leave sosteneva che il Regno Unito avrebbe risparmiato 350 milioni di sterline a settimana uscendo dall'UE e che il denaro sarebbe stato ridistribuito al servizio sanitario nazionale britannico. In seguito, l'autorità statistica britannica ha ritenuto che si trattasse di un "chiaro uso improprio delle statistiche ufficiali". La famigerata pubblicità mostrata sulla fiancata degli autobus a due piani di Londra non teneva conto dello sconto sul bilancio del Regno Unito e l'idea che il 100% del denaro risparmiato sarebbe andato al Servizio sanitario nazionale non era realistica. Un sondaggio pubblicato nel 2016 da Ipsos MORI ha rilevato che quasi la metà dell'opinione pubblica britannica credeva che questa disinformazione fosse vera. Anche quando si dimostra che l'informazione è sbagliata, può continuare a plasmare gli atteggiamenti nei confronti di un determinato argomento, il che significa che ha il potere di influenzare le decisioni politiche se ottiene sufficiente trazione. Uno studio condotto da Soroush Vosoughi, Deb Roy e Sinan Aral ha analizzato i dati di Twitter, tra cui 126.000 post diffusi da 3 milioni di persone per 4,5 milioni di volte. Hanno scoperto che le notizie politiche viaggiavano più velocemente di qualsiasi altro tipo di informazione. Hanno scoperto che le notizie false sulla politica hanno raggiunto più di 20.000 persone tre volte più velocemente di tutti gli altri tipi di notizie false.

Oltre alla propaganda politica, la disinformazione può essere impiegata anche nella propaganda industriale. Utilizzando strumenti come la pubblicità, un'azienda può minare prove affidabili o influenzare le convinzioni attraverso una campagna di disinformazione concertata. Per esempio, nella seconda metà del XX secolo le aziende produttrici di tabacco hanno utilizzato la disinformazione per sminuire l'affidabilità degli studi che dimostravano il legame tra fumo e cancro ai polmoni.

In campo medico, la disinformazione può portare immediatamente a un pericolo di vita, come nel caso della percezione negativa del pubblico nei confronti dei vaccini o dell'uso di erbe al posto dei farmaci per curare le malattie. Per quanto riguarda la pandemia COVID-19, la diffusione della disinformazione ha dimostrato di provocare confusione e di suscitare emozioni negative come ansia e paura. La disinformazione sulle corrette misure di sicurezza per la prevenzione del virus, in contrasto con le informazioni fornite da istituzioni legittime come l'Organizzazione Mondiale della Sanità, può portare a una protezione inadeguata e a un possibile rischio di esposizione.

Alcuni studiosi e attivisti sono alla guida di movimenti per eliminare la disinformazione e l'inquinamento informativo nel mondo digitale. Una teoria, l'"ambientalismo dell'informazione", è diventata un programma di studio in alcune università e college.

Disinformazione sul 5G

Disinformazione e controversie

Salute

La paura e l'ansia per i segnali wireless hanno una lunga storia che precede la tecnologia 5G. I timori per il 5G sono simili a quelli che sono persistiti negli anni '90 e 2000. Sono incentrate su affermazioni marginali secondo cui le radiazioni non ionizzanti rappresentano un pericolo per la salute umana. A differenza delle radiazioni ionizzanti, le radiazioni non ionizzanti non possono rimuovere gli elettroni dagli atomi. Il CDC afferma che "l'esposizione a quantità intense e dirette di radiazioni non ionizzanti può provocare danni ai tessuti dovuti al calore. Si tratta di un fenomeno non comune, che desta preoccupazione soprattutto sul luogo di lavoro per coloro che lavorano su grandi fonti di dispositivi e strumenti a radiazioni non ionizzanti". Alcuni sostenitori della salute marginale affermano che gli standard normativi sono troppo bassi e influenzati da gruppi di pressione.

Sull'argomento sono stati pubblicati molti libri popolari di dubbio valore, tra cui uno di Joseph Mercola che sostiene che le tecnologie wireless causano numerose patologie, dall'ADHD alle malattie cardiache e al cancro al cervello. Mercola ha attirato aspre critiche per il suo antivaccinismo durante la pandemia di COVID-19 ed è stato avvertito dalla FDA di smettere di vendere false cure di COVID-19 attraverso la sua attività di medicina alternativa online.

Secondo il *New York Times*, all'origine della controversia sulla salute del 5G c'è uno studio errato e non pubblicato che il fisico Bill P. Curry ha condotto nel 2000 per il Broward County School Board e che indicava che l'assorbimento delle microonde esterne da parte del tessuto cerebrale aumentava con la frequenza. Secondo gli esperti si trattava di un'affermazione errata: le onde millimetriche utilizzate nel 5G sono più sicure delle microonde a bassa frequenza perché non possono penetrare la pelle e raggiungere gli organi interni. Curry aveva confuso la ricerca *in vitro* con quella *in vivo*. Tuttavia, lo studio di Curry è stato ampiamente diffuso su Internet. Scrivendo sul *New York Times* nel 2019, William Broad ha riferito che RT America ha iniziato a mandare in onda una programmazione che collega il 5G a effetti nocivi per la salute "privi di supporto scientifico", come "cancro al cervello, infertilità, autismo, tumori cardiaci e malattia di Alzheimer". Broad ha affermato che le affermazioni sono aumentate. RT America ha trasmesso sette programmi su questo tema a metà aprile 2019, ma solo uno in tutto il 2018. La copertura del network si è diffusa su centinaia di blog e siti web.

Nell'aprile 2019, la città di Bruxelles, in Belgio, ha bloccato una sperimentazione 5G a causa delle norme sulle radiazioni. A Ginevra, in Svizzera, un progetto di aggiornamento al 5G è stato bloccato per lo stesso motivo. L'Associazione svizzera delle telecomunicazioni (ASUT) ha dichiarato che gli studi non sono stati in grado di dimostrare che le frequenze 5G abbiano un impatto sulla salute.

Secondo CNET, "anche i parlamentari olandesi chiedono al governo di esaminare più da vicino il 5G. Diversi leader del Congresso degli Stati Uniti hanno scritto alla Federal Communications Commission esprimendo preoccupazione per i potenziali rischi per la salute. A Mill Valley, in California, il consiglio comunale ha bloccato l'installazione di nuove celle wireless 5G". Preoccupazioni simili sono state sollevate anche nel Vermont e nel New Hampshire. La FDA statunitense è citata per dire che "continua a ritenere che gli attuali limiti di sicurezza per l'esposizione all'energia a radiofrequenza dei cellulari rimangano accettabili per la protezione della salute pubblica". Dopo le campagne di gruppi di attivisti, una serie di piccole località del Regno Unito, tra cui Totnes, Brighton e Hove, Glastonbury e Frome, hanno approvato risoluzioni contro l'implementazione di ulteriori infrastrutture 5G, anche se queste risoluzioni non hanno alcun impatto sui piani di lancio.

COVID-19 teorie del complotto e attacchi incendiari

Poiché l'introduzione della tecnologia 5G ha coinciso con il periodo della pandemia COVID-19, diverse teorie cospirative circolanti online hanno ipotizzato un legame tra COVID-19 e 5G. Ciò ha portato a decine di attacchi incendiari a tralicci di telecomunicazioni nei Paesi Bassi (Amsterdam, Rotterdam, ecc.), in Irlanda (Cork, ecc.), a Cipro, nel Regno Unito (Dagenham, Huddersfield, Birmingham, Belfast e Liverpool), in Belgio (Pelt), in Italia (Maddaloni), in Croazia (Bibinje) e in Svezia. Ha portato ad almeno 61 presunti attacchi incendiari contro le antenne telefoniche nel solo Regno Unito e a più di venti nei Paesi Bassi.

Nei primi mesi della pandemia, durante le proteste per le risposte alla pandemia COVID-19 in Australia, i manifestanti anti-lockdown sono stati visti con cartelli anti-5G, un primo segno di quella che è diventata una campagna più ampia da parte dei teorici della cospirazione per collegare la pandemia alla tecnologia 5G. Esistono due versioni della teoria della cospirazione 5G-COVID-19:

1. La prima versione sostiene che le radiazioni indeboliscono il sistema immunitario, rendendo l'organismo più vulnerabile alla SARS-CoV-2 (il virus che causa la COVID-19).

2. La seconda versione sostiene che il 5G provoca la COVID-19. Esistono diverse varianti. Alcuni sostengono che la pandemia sia una copertura della malattia causata dalle radiazioni del 5G o che la COVID-19 abbia avuto origine a Wuhan perché quella città era "la città cavia per il 5G".

Informazioni errate sulla tecnologia 5G

La disinformazione relativa alla tecnologia 5G è diffusa in molti Paesi del mondo. La diffusione di false informazioni e di teorie cospirative è stata propagata anche dal grande pubblico e dalle celebrità. Sui social media, le disinformazioni relative al 5G sono state presentate come fatti e ampiamente condivise. Non ci sono impatti negativi sulla salute scientificamente provati dall'esposizione alle radiazioni di radiofrequenza 5G con livelli inferiori a quelli suggeriti dalle linee guida degli organismi di regolamentazione, tra cui la Commissione internazionale per la protezione dalle radiazioni non ionizzanti (ICNIRP). Inoltre, gli studi hanno dimostrato che non c'è un aumento sensibile dell'esposizione quotidiana alle radiofrequenze elettromagnetiche dal 2012, nonostante l'aumento dell'uso dei dispositivi di comunicazione.

Estensione

In un sondaggio condotto negli Stati Uniti, è stato chiesto a 1.500 adulti se il governo americano stia utilizzando il vaccino COVID-19 per inserire microchip nella popolazione. Il 5% dei partecipanti al sondaggio ha risposto che questo è sicuramente vero e il 15% ha detto che è probabilmente vero. Molti credono erroneamente che questi microchip saranno controllati tramite il 5G. In un sondaggio condotto tra i residenti dei Paesi nordici, il 61% ha risposto di non sapere abbastanza sul 5G o su come influisca sulla loro vita. Nel 2018, il 67% dei consumatori nordici ha dichiarato che sarebbe passato al 5G quando sarebbe stato disponibile. Nel 2020, questa percentuale è scesa al 61%, il che potrebbe essere dovuto alla disinformazione sul 5G. Potrebbe anche essere dovuto alla percezione della mancanza di vantaggi del 5G rispetto all'attuale 4G in termini di applicazioni per i consumatori.

In un sondaggio condotto nel 2020, un terzo dei britannici ha dichiarato di non poter escludere un legame tra COVID-19 e 5G. L'8% dei partecipanti al sondaggio ritiene che esista un legame tra le due cose, mentre il 19% non è sicuro.

Uno studio del 2020 che ha monitorato i dati di Google Trends ha mostrato che le ricerche relative al coronavirus e al 5G sono iniziate in momenti diversi, ma hanno raggiunto il picco nella stessa settimana del 5 aprile in sei Paesi.

Secondo uno studio condotto in Giordania, le informazioni errate sull'origine della pandemia COVID-19, come ad esempio la sua origine dalla tecnologia 5G, causano una maggiore ansia.

Uno studio del 2020 che ha analizzato i dati di Twitter relativi ai tweet sul 5G e sul COVID-19 ha mostrato che il 34% dei tweeter credeva nel ruolo del 5G nell'epidemia di COVID-19, mentre il 32% lo denunciava o lo derideva.

Elenco della disinformazione popolare

Origine

Alcune teorie cospirative suggeriscono che la diffusione del virus COVID-19 dall'epicentro della pandemia a Wuhan, in Cina, sia legata all'elevato numero di torri 5G presenti in città. Tuttavia, la verità è che la tecnologia 5G non è ancora pienamente diffusa a Wuhan.

Impatto sulla salute

- **Il 5G provoca il cancro**: È molto improbabile che l'esposizione alla radiofrequenza 5G possa causare il cancro. Il 5G è una radiazione non ionizzante che non danneggia il DNA. Il cancro è generalmente causato da radiazioni ionizzanti che danneggiano il DNA.

- **Il 5G è la causa della COVID-19**: Alcuni pensano che, poiché la pandemia COVID-19 è iniziata durante la diffusione della tecnologia 5G, le due cose debbano essere collegate in qualche modo. Questa preoccupazione è infondata e ci sono prove inconfutabili che la COVID-19 è una malattia virale che non ha alcuna relazione con il 5G o la tecnologia cellulare.

- **Il 5G indebolisce il sistema immunitario**: Non ci sono prove che indichino che i bassi livelli di radiazioni emessi dalla tecnologia 5G possano avere effetti sul sistema immunitario, compresi gli antigeni, gli anticorpi o il processo di stress ossidativo.

Impatto ambientale

- **Il 5G uccide gli uccelli o gli insetti**: Le emissioni di onde radio superiori a 10 MHz dalle torri di telefonia cellulare non sono note per danneggiare gli uccelli. La moria di api che si è verificata in molte parti del mondo non è legata alla diffusione del 5G.

Sorveglianza governativa e industriale

- **COVID-19 è una copertura per incorporare microchip all'interno del vaccino COVID-19 per controllare le persone tramite 5G**: non è possibile iniettare un microchip attraverso una siringa. Un microchip ha dimensioni molto più grandi del foro di un ago. Sarebbe necessaria una siringa circa 13 volte più grande di quella utilizzata oggi per incorporare le dimensioni di un microchip. Inoltre, non è possibile far funzionare il microchip senza una fonte di energia.

- **La rete 5G fa parte di un'agenda più ampia sulla sorveglianza e l'intelligenza artificiale**: il fatto è che il 5G non è altro che una tecnologia che stabilisce connessioni wireless tra i dispositivi e Internet, con una velocità e una capacità maggiori rispetto alle tecnologie più vecchie come il 4G o il 3G. Spetta solo agli sviluppatori di applicazioni utilizzare questa connessione wireless per qualsiasi scopo, compresa la sorveglianza. In questo senso, qualsiasi tecnologia wireless (compresi 4G o 3G) può essere utilizzata per la sorveglianza.

- **Il 5G è un sistema di armi che i governi e le industrie travestono da nuova tecnologia**: Alcuni hanno paragonato i trasmettitori a radiofrequenza del 5G all'arma a energia diretta dell'esercito statunitense chiamata Active Denial System (ADS), utilizzata per riscaldare la superficie degli obiettivi, come la pelle degli esseri umani presi di mira. Sebbene sia l'ADS che il 5G utilizzino onde radio, il 5G trasmette su una frequenza molto più bassa, sicura per gli esseri umani. Inoltre, il 5G trasmette a una potenza molto inferiore rispetto all'ADS.

- Le frequenze 5G vengono utilizzate per lo smaltimento delle folle

- Il 5G mappa l'interno dei corpi e delle case

- Il 5G si replica all'interno del corpo e provoca una riradiazione

Concetti sbagliati sui principali concetti del 5G

- **L'installazione di nuove stazioni base 5G in una determinata area può comportare un aumento incontrollabile dell'"inquinamento" da radiofrequenze**: La distribuzione densa delle stazioni base 5G è vantaggiosa per gli utenti che vivono in prossimità di esse, perché si verifica una brusca diminuzione della radiofrequenza rispetto alla distribuzione rada. L'installazione di ulteriori stazioni base nell'area potrebbe essere necessaria per supportare un numero crescente di utenti con velocità di trasmissione dati più elevate. Di conseguenza, la distanza tra gli utenti e la stazione base più vicina si riduce. Si tratta della cosiddetta densificazione della rete, che può essere erroneamente percepita come un aumento dell'impatto del 5G sulla salute. Tuttavia, a differenza della percezione comune, la densificazione della rete può ridurre l'esposizione media ai campi elettromagnetici. Una minore densificazione della rete significa che ogni stazione base deve coprire un'area più ampia, il che comporta una maggiore potenza irradiata per ogni cella. Inoltre, la distribuzione densa delle stazioni base 5G porta a una riduzione delle radiazioni provenienti dai telefoni cellulari, poiché le stazioni base di connessione sono più vicine ai telefoni cellulari. In genere, le radiazioni delle stazioni di base sono inferiori a quelle dei telefoni cellulari, poiché la potenza delle radiazioni diminuisce con il quadrato della distanza dalla sorgente.

Impatto

Le teorie sanitarie non supportate hanno già portato a vandalismi e incendi di alcune apparecchiature 5G, in particolare nel Regno Unito. I timori infondati sulla salute hanno bloccato gli aggiornamenti della rete necessari per raggiungere velocità più elevate in alcune città, mentre la pandemia di coronavirus ha rallentato le vendite di telefoni compatibili con il 5G.

Elenco delle proteste

- Aprile 2020: Nel Regno Unito alcuni piromani incendiano le torri wireless 5G di Birmingham, Liverpool e Merseyside e caricano i video degli atti vandalici sui social media.

- Gli anti-vax australiani hanno protestato contro la tecnologia 5G, le grandi aziende farmaceutiche e i vaccini COVID-19 a Melbourne e Sydney. Durante il blocco del COVID-19 nel Regno Unito sono stati segnalati quasi 90 attacchi contro le antenne di telefonia mobile. Quasi 50 aggressioni sono state registrate contro ingegneri delle telecomunicazioni nel Regno Unito.

- Sette torri di telefonia cellulare sono state bruciate in Canada dagli scettici del 5G nel maggio 2020.

Sforzi per contrastare la disinformazione

Molte organizzazioni, tra cui l'Organizzazione Mondiale della Sanità, hanno creato mythbusters e materiale educativo per contrastare la disinformazione relativa al 5G, soprattutto per quanto riguarda i suoi effetti sulla salute. Il Parlamento australiano, nella sua inchiesta sulla tecnologia 5G, ha notato che la fiducia della comunità nel 5G è stata scossa da un'ampia disinformazione e le agenzie governative e le industrie si sono attivate per fornire informazioni affidabili al pubblico.

Nell'aprile 2020, Twitter ha aggiornato la sua politica sulle "affermazioni non verificate che incitano ad attività dannose" che potrebbero, tra l'altro, portare al danneggiamento dell'infrastruttura 5G. Nel giugno 2020, Twitter ha iniziato ad apporre etichette di fact checking sui tweet riguardanti il 5G e il COVID-19. Facebook ha rimosso diversi post con false affermazioni di associazioni tra 5G e COVID-19.

Uno studio del 2020 raccomanda che la denuncia della teoria del 5G e del COVID-19 da parte di un leader mondiale avrebbe contribuito a mitigare la diffusione della disinformazione. Lo studio raccomanda inoltre che la lotta alla disinformazione dovrebbe idealmente avvenire nella piattaforma in cui la disinformazione viene condivisa. Anche gli appelli di personalità culturali con un grande seguito sui social media possono contribuire a ridurre la disinformazione. Il pubblico in generale può fermare la diffusione della disinformazione segnalando i contenuti dannosi e non condividendoli o coinvolgendoli.

Disinformazione sulle proteste di George Floyd

Dichiarazioni ufficiali

Il governatore del Minnesota, Tim Walz, ha ipotizzato un "tentativo organizzato di destabilizzare la società civile", affermando inizialmente che l'80% degli individui poteva provenire dall'estero e il sindaco di St. Paul, Melvin Carter, ha dichiarato che tutti gli arrestati a St. Paul il 29 maggio provenivano dall'estero. Tuttavia, i registri delle carceri hanno mostrato che la maggior parte degli arrestati era residente nello Stato. In una conferenza stampa tenutasi lo stesso giorno, Carter ha spiegato di aver "condiviso... i dati sugli arresti ricevuti nel [suo] briefing mattutino della polizia che [ha] poi appreso essere inesatti".

Numerosi testimoni oculari e giornalisti hanno indicato che sono stati utilizzati gas lacrimogeni per disperdere i manifestanti a Lafayette Square. Nonostante queste prove, i funzionari della Polizia del Parco degli Stati Uniti hanno dichiarato che "gli agenti della Polizia degli Stati Uniti e gli altri partner delle forze dell'ordine non hanno usato gas lacrimogeni o OC Skat Shells per chiudere l'area di Lafayette Park", aggiungendo che hanno usato solo "palle di pepe" e "bombolette di fumo". La campagna presidenziale di Donald Trump ha chiesto agli organi di informazione di ritrattare le notizie sull'uso di "gas lacrimogeni". Il Presidente Trump ha definito le notizie "false" e ha detto che "non hanno usato gas lacrimogeni".

Dichiarazioni alla stampa

La notte del 31 maggio, le luci esterne del lato nord della Casa Bianca si sono spente come di consueto alle 23:00, mentre i manifestanti stavano manifestando all'esterno. *Il Guardian ha* erroneamente riportato che "in tempi normali, vengono spente solo quando muore un presidente". Una foto di repertorio del 2015 della Casa Bianca, modificata per mostrare le luci spente, è stata condivisa decine di migliaia di volte online, anche da Hillary Clinton. Anche se la foto non ritraeva l'edificio al momento delle proteste, il vice segretario stampa della Casa Bianca Hogan Gidley ha confermato che le luci "si spengono alle 23 circa quasi ogni sera".

Il 6 giugno, il *New York Post ha* riportato che una fonte della polizia di New York ha dichiarato che 2,4 milioni di dollari di orologi Rolex sono stati saccheggiati durante le proteste da un negozio Rolex di Soho. Tuttavia, il negozio in questione era in realtà un punto vendita di Watches of Switzerland, che ha negato il furto. Rolex ha confermato che "non sono stati rubati orologi di alcun tipo, poiché non ce n'erano in esposizione nel negozio".

Un articolo del *Seattle Times* del 12 giugno ha scoperto che Fox News ha pubblicato una fotografia della zona autonoma di Capitol Hill alterata digitalmente per includere un uomo armato di fucile d'assalto. Il sito web di Fox News ha anche utilizzato una fotografia di una scena di incendio delle proteste del Minnesota per illustrare i suoi articoli sulle proteste di Seattle. La Fox ha rimosso le immagini e si è scusata, affermando che l'immagine alterata digitalmente era un collage che "non delineava chiaramente" la giunzione.

Teorie del complotto

False affermazioni su un'imminente attività antifa nell'ambito delle proteste sono circolate attraverso le piattaforme dei social media, causando allarme in almeno 41 città. A seguito di queste voci, diverse persone sono state molestate. Centinaia di membri di milizie autoproclamate armate e di gruppi di estrema destra si sono riuniti nel Gettysburg National Military Park il giorno dell'Indipendenza in risposta a una falsa affermazione online secondo cui i manifestanti antifa stavano progettando di bruciare la bandiera degli Stati Uniti.

Alcuni utenti dei social media hanno diffuso immagini di danni provenienti da altre proteste o incidenti, attribuendoli falsamente alle proteste di George Floyd.

Twitter ha sospeso centinaia di account associati alla diffusione di una falsa affermazione su un blackout delle comunicazioni durante le proteste a Washington, D.C., o all'affermazione che le autorità avevano bloccato i manifestanti dal comunicare con i loro smartphone. Inoltre, alcuni account hanno condiviso una foto di un grande incendio vicino al Washington Monument, che in realtà era un'immagine tratta da un programma televisivo.

Uno studio di Zignal Labs ha identificato tre temi dominanti nella disinformazione e nelle teorie cospirazioniste intorno alle proteste: affermazioni infondate sul coinvolgimento degli antifa, affermazioni secondo cui l'omicidio di Floyd sarebbe stato simulato e affermazioni sul coinvolgimento del miliardario investitore e filantropo George Soros.

Informazioni errate sull'origine del virus

I virologi sono concordi nel ritenere che l'origine più probabile del virus della SARS-CoV-2 sia il crossover naturale dagli animali, che si è riversato nella popolazione umana dai pipistrelli, forse attraverso un ospite animale intermedio, anche se la via di trasmissione esatta non è stata determinata. La maggior parte delle nuove malattie infettive inizia in questo modo e le prove genomiche suggeriscono che un virus antenato del SARS-CoV-2 si sia originato nei pipistrelli a ferro di cavallo.

Un'ipotesi alternativa in corso di studio, ritenuta improbabile dalla maggioranza dei virologi per mancanza di prove, è che il virus possa essere accidentalmente sfuggito all'Istituto di virologia di Wuhan nel corso di una ricerca standard. Un sondaggio del luglio 2021 ha rilevato che il 52% degli adulti statunitensi ritiene che il COVID-19 sia sfuggito a un laboratorio.

Speculazioni infondate e teorie cospiratorie legate a questo argomento hanno guadagnato popolarità durante la pandemia. Le più comuni teorie cospiratorie affermano che il virus è stato intenzionalmente ingegnerizzato, sia come arma biologica sia per trarre profitto dalla vendita dei vaccini. Secondo l'Organizzazione Mondiale della Sanità, la manipolazione genetica è stata esclusa dalle analisi genomiche. Sono state raccontate anche molte altre storie di origine, che vanno dalla rivendicazione di complotti segreti da parte di avversari politici a una teoria cospirativa sui telefoni cellulari. Il Pew Research Center ha rilevato, ad esempio, che un americano su tre crede che il nuovo coronavirus sia stato creato in laboratorio; uno su quattro pensa che sia stato ingegnerizzato intenzionalmente. La diffusione di queste teorie cospirative è amplificata dalla sfiducia e dall'astio reciproci, oltre che dal nazionalismo e dall'uso di campagne di propaganda a fini politici.

La promozione della disinformazione è stata utilizzata da gruppi americani di estrema destra come QAnon, da organi di destra come Fox News, dall'ex presidente degli Stati Uniti Donald Trump e da altri repubblicani di spicco per fomentare sentimenti anti-cinesi e ha portato a un aumento dell'attività anti-asiatica sui social media e nel mondo reale. Questo ha portato anche al bullismo nei confronti di scienziati e funzionari della sanità pubblica, sia online che di persona, alimentato da un dibattito altamente politico e spesso tossico su molte questioni. Questa diffusione di disinformazione e di teorie cospirative può avere un impatto negativo sulla salute pubblica e diminuire la fiducia nei governi e nei medici.

La rinascita della fuga di notizie dal laboratorio e di altre teorie è stata alimentata in parte dalla pubblicazione, nel maggio 2021, delle prime e-mail tra il direttore del National Institute of Allergy and Infectious Diseases (NIAID) Anthony Fauci e gli scienziati che discutevano della questione. Nelle e-mail in questione, Kristian Andersen (autore di uno studio che sfata le teorie sulla manipolazione genomica) aveva preso in considerazione la possibilità e aveva inviato un'e-mail a Fauci proponendo possibili meccanismi, prima di escludere la manipolazione deliberata con un'analisi tecnica più approfondita. Queste e-mail sono state in seguito fraintese e utilizzate dai critici per sostenere che fosse in atto una cospirazione. Tuttavia, nonostante le affermazioni contrarie di alcuni giornali statunitensi, non è emersa alcuna nuova prova a sostegno della teoria dell'incidente di laboratorio, e la maggior parte delle ricerche sottoposte a revisione paritaria indica un'origine naturale. Ciò è analogo a precedenti epidemie di nuove malattie, come l'HIV, la SARS e l'H1N1, che sono state anch'esse oggetto di accuse di origine di laboratorio.

Origine del laboratorio di Wuhan

Arma biologica

Una delle prime fonti della teoria dell'origine delle armi biologiche è stato l'ex ufficiale dei servizi segreti israeliani Dany Shoham, che ha rilasciato un'intervista al *Washington Times* sul laboratorio di livello di biosicurezza 4 (BSL-4) dell'Istituto di virologia di Wuhan. Uno scienziato di Hong Kong, Li-Meng Yan, è fuggito dalla Cina e ha pubblicato un preprint in cui afferma che il virus è stato modificato in laboratorio anziché avere un'evoluzione naturale. In una peer-review ad hoc (in quanto l'articolo non è stato sottoposto alla tradizionale peer review come parte del processo di pubblicazione scientifica standard), le sue affermazioni sono state etichettate come fuorvianti, non scientifiche e una promozione non etica di "teorie essenzialmente cospirative che non sono fondate sui fatti". L'articolo della Yan è stato finanziato dalla Rule of Law Society e dalla Rule of Law Foundation, due organizzazioni non profit legate a Steve Bannon, ex stratega di Trump, e a Guo Wengui, un miliardario cinese espatriato. Questa disinformazione è stata ulteriormente sfruttata dall'estrema destra americana, nota per promuovere la diffidenza nei confronti della Cina. In effetti, si è formata "una camera d'eco in rapida crescita per la disinformazione". L'idea che la SARS-CoV-2 sia un'arma creata in laboratorio è un elemento della teoria cospirativa *della pandemia*, che propone che sia stata deliberatamente rilasciata dalla Cina.

L'Epoch Times, un giornale anti-Partito Comunista Cinese (PCC) affiliato al Falun Gong, ha diffuso disinformazione sulla pandemia COVID-19 a mezzo stampa e attraverso i social media, compresi Facebook e YouTube. Ha promosso la retorica anti-PCC e le teorie cospirative sull'epidemia di coronavirus, ad esempio attraverso un'edizione speciale di 8 pagine intitolata "Come il Partito Comunista Cinese ha messo in pericolo il mondo", distribuita non richiesta nell'aprile 2020 a clienti postali in aree di Stati Uniti, Canada e Australia. Nel giornale, il virus della SARS-CoV-2 è noto come "virus del PCC" e un commento del giornale poneva la domanda: "La nuova epidemia di coronavirus a Wuhan è un incidente causato dall'armamento del virus in quel laboratorio [virologia P4 di Wuhan]?". Il comitato editoriale del giornale ha suggerito ai pazienti COVID-19 di curarsi "condannando il PCC" e "forse accadrà un miracolo".

In risposta alla propagazione negli Stati Uniti delle teorie sull'origine del laboratorio di Wuhan, il governo cinese ha promulgato la teoria del complotto secondo cui il virus sarebbe stato sviluppato dall'esercito degli Stati Uniti a Fort Detrick.

Ricerca sul guadagno di funzioni

Un'idea utilizzata per sostenere l'origine di laboratorio invoca una precedente ricerca sui coronavirus con effetto "gain-of-function". La virologa Angela Rasmussen scrive che questo è improbabile, a causa dell'intenso controllo e della supervisione governativa a cui è soggetta la ricerca sul guadagno di funzioni, e che è improbabile che la ricerca sui coronavirus difficili da ottenere possa avvenire sottotraccia. Il significato esatto di "guadagno di funzione" è controverso tra gli esperti.

Nel maggio 2020, il conduttore di Fox News Tucker Carlson ha accusato Anthony Fauci di aver "finanziato la creazione del COVID" attraverso la ricerca sul guadagno di funzioni presso l'Istituto di virologia di Wuhan (WIV). Citando un saggio dello scrittore Nicholas Wade, Carlson ha affermato che Fauci ha diretto la ricerca per rendere i virus dei pipistrelli più infettivi per gli esseri umani. In un'audizione del giorno successivo, il senatore statunitense Rand Paul ha affermato che i National Institutes of Health (NIH) statunitensi hanno finanziato la ricerca sul guadagno di funzioni a Wuhan, accusando i ricercatori, tra cui l'epidemiologo Ralph Baric, di aver creato "super-virus". Sia Fauci che il direttore dell'NIH Francis Collins hanno negato che il governo statunitense abbia sostenuto tale ricerca. Baric ha respinto le accuse di Paul, affermando che la ricerca del suo laboratorio sulla trasmissione interspecie dei coronavirus dei pipistrelli non si qualifica come "gain-of-function".

Uno studio del 2017 sui coronavirus chimerici dei pipistrelli presso il WIV ha indicato l'NIH come sponsor; tuttavia, il finanziamento dell'NIH riguardava solo la raccolta dei campioni. Sulla base di questa e di altre prove, il *Washington Post ha* valutato l'affermazione di un collegamento dell'NIH alla ricerca sui coronavirus "gain-of-function" come "due pinocchi", che rappresentano "omissioni e/o esagerazioni significative".

Rilascio accidentale del campione raccolto

Un'altra teoria suggerisce che il virus sia nato nell'uomo da un'infezione accidentale di lavoratori di laboratorio da parte di un campione naturale. Su questo scenario si sono diffuse speculazioni online infondate.

Nel marzo 2021, un rapporto investigativo pubblicato dall'OMS ha definito questo scenario "estremamente improbabile" e non supportato da alcuna prova disponibile. Il rapporto riconosceva, tuttavia, che la possibilità non può essere esclusa senza ulteriori prove. L'indagine alla base del rapporto è stata condotta in collaborazione tra scienziati cinesi e internazionali. Alla presentazione del rapporto, il Direttore generale dell'OMS Tedros Adhanom Ghebreyesus ha ribadito l'invito ad approfondire tutte le possibilità valutate, compresa quella dell'origine in laboratorio. Lo studio e il rapporto sono stati criticati dai capi di Stato di Stati Uniti, Unione Europea e altri Paesi membri dell'OMS per la mancanza di trasparenza e l'accesso incompleto ai dati. Ulteriori indagini sono state richieste anche da alcuni scienziati, tra cui Anthony Fauci e i firmatari di una lettera pubblicata su *Science*.

Dal maggio 2021, alcuni media hanno ammorbidito il linguaggio precedente che descriveva la teoria della fuga di notizie dal laboratorio come "sfatata" o "teoria della cospirazione". D'altra parte, l'opinione scientifica secondo cui una fuga accidentale è possibile, ma improbabile, è rimasta costante. Alcuni giornalisti e scienziati hanno dichiarato di aver scartato o evitato di discutere la teoria della fuga di notizie dai laboratori durante il primo anno della pandemia a causa della polarizzazione percepita a seguito dell'abbraccio di Donald Trump a questa teoria.

Rubato da un laboratorio canadese

Alcuni utenti dei social media hanno affermato che il COVID-19 è stato rubato da scienziati cinesi da un laboratorio di ricerca canadese sul virus. Health Canada e l'Agenzia per la salute pubblica del Canada hanno dichiarato che questa affermazione non ha "alcuna base fattuale". Le storie sembrano derivare da un articolo della CBC del luglio 2019 in cui si afferma che ad alcuni ricercatori cinesi è stato revocato l'accesso di sicurezza al National Microbiology Laboratory di Winnipeg, un laboratorio di virologia di livello 4, dopo un'indagine della Royal Canadian Mounted Police. I funzionari canadesi hanno descritto la vicenda come una questione amministrativa e hanno affermato che non vi era alcun rischio per il pubblico canadese.

In risposta alle teorie cospiratorie, la CBC ha dichiarato che i suoi articoli "non hanno mai affermato che i due scienziati fossero spie o che avessero portato una qualsiasi versione di [un] coronavirus al laboratorio di Wuhan". Mentre i campioni di agenti patogeni sono stati trasferiti dal laboratorio di Winnipeg a Pechino il 31 marzo 2019, nessuno dei campioni conteneva un coronavirus. L'Agenzia canadese per la salute pubblica ha dichiarato che la spedizione era conforme a tutte le politiche federali e che i ricercatori in questione sono ancora sotto inchiesta, per cui non si può né confermare né smentire che siano stati loro a inviare la spedizione. Anche l'attuale posizione dei ricercatori indagati dalla Royal Canadian Mounted Police non è stata resa nota.

In una conferenza stampa del gennaio 2020, il segretario generale della NATO Jens Stoltenberg, interpellato sul caso, ha dichiarato di non poterlo commentare nello specifico, ma ha espresso preoccupazione per "l'aumento degli sforzi da parte delle nazioni per spiare gli alleati della NATO in modi diversi".

Accuse da parte della Cina

Secondo *The Economist*, su Internet in Cina esistono teorie cospirative secondo cui il COVID-19 sarebbe stato creato dalla CIA per "tenere a freno la Cina". Secondo un'indagine di ProPublica, queste teorie cospirative e la disinformazione sono state diffuse sotto la direzione di China News Service, il secondo più grande organo di informazione di proprietà del governo del Paese, controllato dal Dipartimento del Lavoro del Fronte Unito. Anche *Global Times* e Xinhua News Agency sono stati coinvolti nella propagazione di disinformazione sulle origini del COVID-19. NBC News ha tuttavia notato che sono stati compiuti anche sforzi per sfatare le teorie cospirative legate agli Stati Uniti pubblicate online: una ricerca su WeChat di "Coronavirus [malattia 2019] viene dagli Stati Uniti" ha restituito per lo più articoli che spiegano perché tali affermazioni sono irragionevoli.

Il 12 marzo 2020, due portavoce del Ministero degli Affari Esteri cinese, Zhao Lijian e Geng Shuang, hanno affermato in una conferenza stampa che le potenze occidentali potrebbero aver "bioingegnerizzato" la COVID-19. Alludevano al fatto che l'esercito statunitense avesse creato e diffuso il COVID-19, presumibilmente durante i Giochi mondiali militari del 2019 a Wuhan, dove sono stati segnalati numerosi casi di malattia simil-influenzale.

Un membro della delegazione militare americana di atletica leggera con sede a Fort Belvoir, che ha gareggiato nella 50mi Road Race ai Giochi di Wuhan, è stata oggetto di bersagli online da parte di netizens che l'hanno accusata di essere il "paziente zero" dell'epidemia di COVID-19 a Wuhan; in seguito è stata intervistata dalla CNN, per scagionare il suo nome dalle "false accuse di aver dato inizio alla pandemia".

Nel gennaio 2021, Hua Chunying ha rinnovato la teoria del complotto di Zhao Lijian e Geng Shuang, secondo cui il virus della SARS-CoV-2 avrebbe avuto origine negli Stati Uniti, nel laboratorio di armi biologiche Fort Detrick. Questa teoria del complotto è diventata rapidamente trending sulla piattaforma cinese di social media Weibo e Hua Chunying ha continuato a citare le prove su Twitter, chiedendo al contempo al governo degli Stati Uniti di aprire Fort Detrick per ulteriori indagini al fine di determinare se sia la fonte del virus SARS-CoV-2. Nell'agosto 2021, un portavoce del Ministero degli Esteri cinese ha ripetutamente utilizzato un podio ufficiale per esaltare l'idea dell'origine di Fort Detrick, non provata.

Secondo un rapporto di Foreign Policy, i diplomatici e i funzionari governativi cinesi, di concerto con l'apparato di propaganda cinese e le reti segrete di agitatori e influencer online, hanno risposto, concentrandosi sulla ripetizione delle affermazioni di Zhao Lijian relative a Fort Detrick nel Maryland e agli "oltre 200 biolaboratori statunitensi" in tutto il mondo.

Accuse da parte della Russia

Il 22 febbraio 2020, funzionari statunitensi hanno affermato che la Russia è dietro una campagna di disinformazione in corso, utilizzando migliaia di account di social media su Twitter, Facebook e Instagram per promuovere deliberatamente teorie cospirative infondate, sostenendo che il virus è un'arma biologica prodotta dalla CIA e che gli Stati Uniti stanno conducendo una guerra economica contro la Cina utilizzando il virus.

Nel marzo 2022, durante l'invasione russa dell'Ucraina, il Ministero della Difesa russo ha dichiarato che il figlio del Presidente degli Stati Uniti Joe Biden, Hunter Biden, e il miliardario George Soros, erano strettamente legati ai laboratori biologici ucraini. Personalità dei media americani di destra, come Tucker Carlson, hanno dato risalto alla storia, mentre il tabloid *Global Times*, di proprietà del Partito Comunista Cinese, ha ulteriormente affermato che i laboratori stavano studiando i coronavirus dei pipistrelli, diffondendo ampiamente su internet cinese l'insinuazione che gli Stati Uniti avessero creato la SARS-CoV-19 nei laboratori ucraini.

Accuse da parte di altri Paesi

Secondo il Middle East Media Research Institute, organizzazione no-profit con sede a Washington, numerosi scrittori della stampa araba hanno promosso la teoria del complotto secondo cui il COVID-19, così come la SARS e il virus dell'influenza suina, sono stati deliberatamente creati e diffusi per vendere vaccini contro queste malattie, ed è "parte di una guerra economica e psicologica condotta dagli Stati Uniti contro la Cina con l'obiettivo di indebolirla e presentarla come un Paese arretrato e fonte di malattie".

In Turchia sono state riportate accuse agli americani di aver creato il virus come arma e un sondaggio di YouGov dell'agosto 2020 ha rilevato che il 37% degli intervistati turchi ritiene che il governo statunitense sia responsabile della creazione e della diffusione del virus.

Un chierico iraniano di Qom ha affermato che Donald Trump ha preso di mira la città con il coronavirus "per danneggiarne la cultura e l'onore". Reza Malekzadeh, vice ministro della Sanità iraniano ed ex ministro della Salute, ha respinto le affermazioni secondo cui il virus sarebbe un'arma biologica, sottolineando che gli Stati Uniti ne avrebbero risentito pesantemente. Ha detto che l'Iran è stato colpito duramente perché i suoi stretti legami con la Cina e la riluttanza a tagliare i collegamenti aerei hanno introdotto il virus, e perché i primi casi sono stati scambiati per influenza.

In Iraq, gli utenti filo-iraniani dei social media hanno condotto una campagna su Twitter durante la presidenza Trump per porre fine alla presenza degli Stati Uniti nel Paese, incolpandoli del virus; la campagna era incentrata su hashtag come #Bases_of_the_American_pandemic e #Coronavirus_is_Trump's_weapon. Un sondaggio del marzo 2020 condotto dall'USCENTCOM ha rilevato che il 67% degli intervistati iracheni riteneva che dietro il COVID-19 ci fosse una forza straniera, e il 72% di loro ha indicato gli Stati Uniti come tale.

Teorie che incolpano gli USA sono circolate anche nelle Filippine, in Venezuela e in Pakistan. Un sondaggio Globsec dell'ottobre 2020 nei Paesi dell'Europa orientale ha rilevato che il 38% degli intervistati in Montenegro e Serbia, il 37% di quelli della Macedonia settentrionale e il 33% della Bulgaria riteneva che gli Stati Uniti avessero creato deliberatamente il COVID-19.

Origine ebraica

Nel mondo musulmano

La Press TV iraniana ha affermato che "elementi sionisti hanno sviluppato un ceppo più letale di coronavirus contro l'Iran". Allo stesso modo, alcuni media arabi hanno accusato Israele e gli Stati Uniti di aver creato e diffuso il COVID-19, l'influenza aviaria e la SARS. Gli utenti dei social media hanno proposto altre teorie, tra cui l'accusa che gli ebrei abbiano prodotto il COVID-19 per provocare un crollo del mercato azionario globale e quindi trarre profitto attraverso l'insider trading, mentre un ospite della televisione turca ha ipotizzato uno scenario più ambizioso in cui ebrei e sionisti avrebbero creato il COVID-19, l'influenza aviaria e la febbre emorragica della Crimea-Congo per "disegnare il mondo, impadronirsi dei Paesi [e] sterilizzare la popolazione mondiale". Il politico turco Fatih Erbakan avrebbe dichiarato in un discorso: "Anche se non abbiamo prove certe, questo virus serve agli obiettivi del sionismo di diminuire il numero di persone e impedirne l'aumento, e importanti ricerche lo esprimono".

I tentativi israeliani di sviluppare un vaccino COVID-19 hanno suscitato reazioni negative in Iran. Il Grand Ayatollah Naser Makarem Shirazi ha smentito le notizie iniziali secondo le quali aveva stabilito che un vaccino di produzione sionista sarebbe stato halal, e un giornalista di Press TV ha twittato che "preferirei correre il rischio con il virus piuttosto che consumare un vaccino israeliano". Un editorialista del quotidiano turco *Yeni Akit* ha affermato che tale vaccino potrebbe essere un espediente per effettuare una sterilizzazione di massa.

Negli Stati Uniti

Un allarme lanciato dal Federal Bureau of Investigation degli Stati Uniti sulla possibile minaccia di diffusione intenzionale del COVID-19 da parte di estremisti di estrema destra ha menzionato l'attribuzione della colpa agli ebrei e ai leader ebrei per aver causato la pandemia e diverse chiusure di stati.

In Germania

Sulle carrozze dei tram tedeschi sono stati trovati volantini che incolpano falsamente gli ebrei della pandemia.

In Gran Bretagna

Secondo uno studio condotto dall'Università di Oxford all'inizio del 2020, quasi un quinto degli intervistati in Inghilterra credeva in qualche misura che gli ebrei fossero responsabili della creazione o della diffusione del virus con il fine di ottenere un guadagno economico.

I musulmani diffondono il virus

In India, i musulmani sono stati incolpati di diffondere l'infezione in seguito all'emergere di casi legati a un raduno religioso della Tablighi Jamaat. Sono stati riportati casi di diffamazione dei musulmani sui social media e attacchi a singoli individui in India. Sono state fatte affermazioni secondo cui i musulmani starebbero vendendo cibo contaminato da SARS-CoV-2 e che una moschea di Patna avrebbe ospitato persone provenienti dall'Italia e dall'Iran. Queste affermazioni si sono rivelate false. Nel Regno Unito, alcuni gruppi di estrema destra hanno incolpato i musulmani della pandemia e hanno falsamente affermato che le moschee sono rimaste aperte dopo il divieto nazionale di grandi assembramenti.

Schema di controllo della popolazione

Secondo la BBC, Jordan Sather, uno YouTuber che sostiene la teoria del complotto QAnon e il movimento anti-vax, ha falsamente affermato che l'epidemia era un piano di controllo della popolazione creato dal Pirbright Institute in Inghilterra e dall'ex CEO di Microsoft Bill Gates.

Piers Corbyn è stato definito "pericoloso" dal medico e dall'emittente Hilary Jones durante la loro intervista congiunta a *Good Morning Britain* all'inizio di settembre 2020. Corbyn ha descritto il COVID-19 come una "operazione psicologica per chiudere l'economia nell'interesse delle mega-corporazioni" e ha affermato che "i vaccini causano la morte".

Reti di telefonia mobile 5G

Le prime teorie cospirative che sostengono un legame tra COVID-19 e le reti mobili 5G erano già apparse alla fine di gennaio 2020. Tali affermazioni si sono diffuse rapidamente sui social network, portando alla diffusione della disinformazione in quello che è stato paragonato a un "incendio digitale".

Nel marzo 2020, Thomas Cowan, un medico olistico che si è formato come medico e opera in libertà vigilata presso il Consiglio Medico della California, ha affermato che la COVID-19 è causata dal 5G. Egli si è basato sull'affermazione che i Paesi africani non erano stati colpiti in modo significativo dalla pandemia e che l'Africa non era una regione 5G. Cowan ha anche affermato falsamente che i virus sono rifiuti di cellule avvelenate da campi elettromagnetici e che le pandemie virali storiche hanno coinciso con importanti sviluppi nella tecnologia radio.

Il video delle affermazioni di Cowan è diventato virale ed è stato diffuso da celebrità, tra cui Woody Harrelson, John Cusack e la cantante Keri Hilson. Le affermazioni potrebbero anche essere state diffuse da una presunta "campagna di disinformazione coordinata", simile alle campagne utilizzate dalla Internet Research Agency di San Pietroburgo, in Russia. Le affermazioni sono state criticate sui social media e sfatate da Reuters, *USA Today*, Full Fact e dal direttore esecutivo dell'American Public Health Association Georges C. Benjamin.

Le affermazioni di Cowan sono state ripetute da Mark Steele, un teorico della cospirazione che ha affermato di essere a conoscenza di prima mano che il 5G è in realtà un sistema d'arma in grado di causare sintomi identici a quelli prodotti dal virus. Kate Shemirani, un'ex infermiera radiata dall'albo degli infermieri del Regno Unito e divenuta promotrice di teorie cospirative, ha ripetutamente affermato che questi sintomi erano identici a quelli prodotti dall'esposizione ai campi elettromagnetici.

Steve Powis, direttore medico nazionale dell'NHS England, ha definito le teorie che collegano le reti di telefonia mobile 5G al COVID-19 come "il peggior tipo di fake news". I virus non possono essere trasmessi tramite onde radio e il COVID-19 si è diffuso e continua a diffondersi in molti Paesi che non dispongono di reti 5G.

Durante il fine settimana di Pasqua 2020, nel Regno Unito si sono verificati 20 presunti incendi dolosi di antenne telefoniche. Tra questi, un incidente a Dagenham in cui tre uomini sono stati arrestati perché sospettati di incendio doloso, un incendio a Huddersfield che ha colpito un pilone utilizzato dai servizi di emergenza e un incendio in un pilone che fornisce connettività mobile all'ospedale NHS Nightingale di Birmingham. Alcuni ingegneri delle telecomunicazioni hanno riferito di minacce di violenza, tra cui minacce di accoltellamento e omicidio, da parte di persone che ritengono stiano lavorando alle reti 5G. Il 12 aprile 2020, la Gardaí e i vigili del fuoco sono stati chiamati per un incendio di antenne 5G nella contea di Donegal, in Irlanda. La Gardaí ha trattato gli incendi come dolosi. Dopo gli incendi dolosi, il ministro dell'Ufficio di Gabinetto britannico Michael Gove ha dichiarato che la teoria secondo cui il virus COVID-19 potrebbe essere diffuso dalle comunicazioni wireless 5G è "una sciocchezza, e anche una pericolosa sciocchezza". Il fornitore di telecomunicazioni Vodafone ha annunciato che sono state prese di mira due antenne Vodafone e due che condivide con un altro fornitore, O2.

Il 6 aprile 2020, almeno 20 antenne di telefonia mobile nel Regno Unito erano state vandalizzate dal giovedì precedente. A causa della lenta diffusione del 5G nel Regno Unito, molti dei piloni danneggiati erano dotati solo di apparecchiature 3G e 4G. Secondo le stime degli operatori di telefonia mobile e di banda larga domestica, nella settimana fino al 6 aprile si sono verificati almeno 30 incidenti in cui i tecnici addetti alla manutenzione delle apparecchiature sono stati affrontati. Al 30 maggio, nei Paesi Bassi si sono verificati 29 episodi di tentativi di incendio doloso di antenne di telefonia mobile, tra cui un caso in cui è stato scritto "Fuck 5G". Ci sono stati incidenti anche in Irlanda e a Cipro. Facebook ha cancellato i messaggi che incoraggiano gli attacchi alle apparecchiature 5G.

Gli ingegneri che lavorano per Openreach, una divisione di British Telecom, hanno pubblicato appelli su gruppi Facebook contro il 5G chiedendo di non essere maltrattati perché non sono coinvolti nella manutenzione delle reti mobili. Il gruppo di lobby del settore Mobile UK ha dichiarato che gli incidenti hanno colpito la manutenzione delle reti che supportano il lavoro a domicilio e forniscono connessioni critiche a clienti vulnerabili, servizi di emergenza e ospedali. Un video ampiamente diffuso mostrava una donna che accusava i dipendenti della società di banda larga Community Fibre di installare il 5G come parte di un piano per uccidere la popolazione.

Tra coloro che ritengono che le reti 5G abbiano causato i sintomi del COVID-19, il 60% ha dichiarato che gran parte delle proprie conoscenze sul virus provengono da YouTube. Nell'aprile 2020, YouTube ha annunciato che avrebbe ridotto la quantità di contenuti che sostengono collegamenti tra il 5G e la COVID-19. I video cospirativi sul 5G che non menzionano il COVID-19 non sarebbero stati rimossi, ma potrebbero essere considerati "contenuti borderline" e quindi rimossi dalle raccomandazioni di ricerca, con conseguente perdita di introiti pubblicitari. Le affermazioni screditate erano state diffuse dal teorico della cospirazione britannico David Icke in video (successivamente rimossi) su YouTube e Vimeo, e in un'intervista rilasciata dalla rete televisiva London Live, suscitando le richieste di intervento da parte dell'Ofcom. Nella prima metà del 2020, YouTube ha impiegato in media 41 giorni per rimuovere i video di Covid contenenti informazioni false.

L'Ofcom ha dato indicazioni a ITV in seguito ai commenti di Eamonn Holmes sul 5G e sul COVID-19 durante *This Morning*. L'Ofcom ha dichiarato che i commenti erano "ambigui" e "mal giudicati" e "rischiavano di minare la fiducia degli spettatori nei consigli delle autorità pubbliche e nelle prove scientifiche". L'Ofcom ha anche giudicato il canale locale London Live in violazione degli standard per un'intervista a David Icke. L'Ofcom ha dichiarato che egli aveva "espresso opinioni che potevano potenzialmente causare danni significativi ai telespettatori di Londra durante la pandemia".

Il 24 aprile 2020, *The Guardian ha* rivelato che Jonathan Jones, un pastore evangelico di Luton, ha fornito la voce maschile in una registrazione che incolpa il 5G per i decessi causati dal COVID-19. Ha affermato di essere stato in passato a capo della più grande unità di business di Vodafone, ma gli addetti ai lavori dell'azienda hanno dichiarato che era stato assunto per una posizione di vendita nel 2014, quando il 5G non era una priorità per l'azienda e che il 5G non avrebbe fatto parte del suo lavoro. Ha lasciato Vodafone dopo meno di un anno.

Un tweet ha dato il via a un meme su Internet secondo il quale le banconote da 20 sterline della Banca d'Inghilterra contenevano l'immagine di un pilone 5G e del virus SARS-CoV-2. Facebook e YouTube hanno rimosso gli articoli che diffondevano questa storia e le organizzazioni di fact checking hanno stabilito che l'immagine è quella del faro di Margate e il "virus" è la scalinata della Tate Britain.

Scienziato americano vende virus alla Cina

Nell'aprile 2020 sono circolate voci su Facebook secondo cui il governo statunitense avrebbe "appena scoperto e arrestato" Charles Lieber, presidente del Dipartimento di Chimica e Biologia Chimica dell'Università di Harvard, per aver "fabbricato e venduto" il nuovo coronavirus (COVID-19) alla Cina. Secondo un rapporto della *Reuters*, i post che diffondono la voce sono stati condivisi in più lingue oltre 79.000 volte su Facebook. Lieber è stato arrestato il 28 gennaio 2020 e successivamente accusato di due capi d'accusa federali per aver fatto una dichiarazione presumibilmente falsa sui suoi legami con un'università cinese, non correlati al virus. La voce secondo cui Lieber, un chimico in un settore completamente estraneo alla ricerca sul virus, avrebbe sviluppato il COVID-19 e lo avrebbe venduto alla Cina è stata screditata.

Origine delle meteore

Nel 2020, un gruppo di ricercatori, tra cui spiccano Edward J. Steele e Chandra Wickramasinghe, il principale sostenitore vivente della panspermia, ha affermato in dieci documenti di ricerca che il COVID-19 ha avuto origine da una meteora avvistata come una palla di fuoco luminosa sopra la città di Songyuan, nel nord-est della Cina, l'11 ottobre 2019, e che un frammento della meteora è atterrato nell'area di Wuhan, dando il via ai primi focolai di COVID-19. Tuttavia, il gruppo di ricercatori non ha fornito alcuna prova diretta che dimostri questa congettura.

In un articolo dell'agosto 2020, Astronomy.com ha definito la congettura sull'origine della meteora "così notevole da far sembrare le altre noiose al confronto".

Rapporto di intelligence dell'NCMI

Nell'aprile 2020, ABC News ha riferito che, nel novembre 2019, "i funzionari dell'intelligence statunitense avevano avvertito che un contagio stava attraversando la regione cinese di Wuhan, cambiando i modelli di vita e di business e rappresentando una minaccia per la popolazione". L'articolo affermava che il National Center for Medical Intelligence (NCMI) aveva prodotto un rapporto di intelligence nel novembre 2019 che sollevava preoccupazioni sulla situazione. Il direttore dell'NCMI, Col. R. Shane Day, ha dichiarato che "le notizie riportate dai media sull'esistenza/rilascio di un prodotto/valutazione del National Center for Medical Intelligence relativo al Coronavirus nel novembre 2019 non sono corrette. Non esiste alcun prodotto dell'NCMI".

Negazione del cambiamento climatico

La negazione del cambiamento climatico, o **negazione del riscaldamento globale**, è la negazione, il rifiuto o il dubbio ingiustificato che contraddice il consenso scientifico sul cambiamento climatico, compresa la misura in cui è causato dall'uomo, i suoi effetti sulla natura e sulla società umana, o il potenziale di adattamento al riscaldamento globale da parte delle azioni umane. Molti di coloro che negano, respingono o nutrono dubbi ingiustificati sul consenso scientifico sul riscaldamento globale di origine antropica si autodefiniscono **"scettici del cambiamento climatico"**, che diversi scienziati hanno notato essere una descrizione imprecisa. La negazione del cambiamento climatico può essere implicita anche quando individui o gruppi sociali accettano la scienza ma non riescono a venirne a capo o a tradurre la loro accettazione in azione. Diversi studi di scienze sociali hanno analizzato queste posizioni come forme di negazionismo, pseudoscienza o propaganda.

La campagna per minare la fiducia del pubblico nella scienza del clima è stata descritta come una "macchina negazionista" organizzata da interessi industriali, politici e ideologici e sostenuta da media conservatori e blogger scettici per creare incertezza sul riscaldamento globale.

La politica del riscaldamento globale è stata influenzata dalla negazione del cambiamento climatico e dalla controversia politica sul riscaldamento globale, minando gli sforzi per agire sul cambiamento climatico o per adattarsi al riscaldamento del clima. Coloro che promuovono la negazione utilizzano comunemente tattiche retoriche per dare l'impressione di una controversia scientifica che non esiste.

Le campagne organizzate per minare la fiducia del pubblico nella scienza del clima sono associate a politiche economiche conservatrici e sostenute da interessi industriali che si oppongono alla regolamentazione delle emissioni di CO_2 . La negazione del cambiamento climatico è stata associata alla lobby dei combustibili fossili, ai fratelli Koch, ai sostenitori dell'industria e ai think tank conservatori, spesso negli Stati Uniti. Oltre il 90% dei documenti scettici sul cambiamento climatico proviene da think tank di destra.

Già negli anni '70 le compagnie petrolifere pubblicavano ricerche che concordavano ampiamente con la visione della comunità scientifica sul riscaldamento globale. Nonostante ciò, le compagnie petrolifere hanno organizzato una campagna di negazione del cambiamento climatico per diffondere la disinformazione pubblica per diversi decenni, una strategia che è stata paragonata alla negazione organizzata dei rischi del fumo di tabacco da parte dell'industria del tabacco, e spesso portata avanti dagli stessi individui che in precedenza diffondevano la propaganda negazionista dell'industria del tabacco.

Terminologia

Lo "scetticismo sul cambiamento climatico" e la "negazione del cambiamento climatico" si riferiscono alla negazione, al rifiuto o al dubbio ingiustificato del consenso scientifico sul tasso e sulla portata del riscaldamento globale, sul suo significato o sulla sua connessione con il comportamento umano, in tutto o in parte. Sebbene esista una distinzione tra lo scetticismo, che indica il dubbio sulla veridicità di un'affermazione, e la vera e propria negazione della verità di un'affermazione, nel dibattito pubblico frasi come "scetticismo climatico" sono state spesso utilizzate con lo stesso significato di negazionismo climatico o contrarianismo.

La terminologia è emersa negli anni '90. Anche se tutti gli scienziati aderiscono allo scetticismo scientifico come parte intrinseca del processo, a metà novembre 1995 il termine "scettico" veniva usato specificamente per la minoranza che pubblicizzava opinioni contrarie al consenso scientifico. Questo piccolo gruppo di scienziati presentava le proprie opinioni in dichiarazioni pubbliche e ai media, piuttosto che alla comunità scientifica. Questo uso è continuato. Nel suo articolo del dicembre 1995 "The Heat is On: The warming of the world's climate sparks a blaze of denial", Ross Gelbspan ha affermato che l'industria ha ingaggiato "una piccola banda di scettici" per confondere l'opinione pubblica in una "persistente e ben finanziata campagna di negazione". Il suo libro del 1997 *The Heat is On* è stato forse il primo a concentrarsi specificamente sull'argomento. In esso, Gelbspan parlava di una "pervasiva negazione del riscaldamento globale" in una "persistente campagna di negazione e soppressione" che coinvolgeva "finanziamenti non dichiarati di questi 'scettici dell'effetto serra'" con "gli scettici del clima" che confondevano l'opinione pubblica e influenzavano i decisori.

Un documentario della CBC Television del novembre 2006 sulla campagna è stato intitolato *The Denial Machine*. Nel 2007 la giornalista Sharon Begley ha parlato della "macchina della negazione", un'espressione successivamente utilizzata dagli accademici.

Oltre al *rifiuto esplicito*, i gruppi sociali hanno mostrato un *rifiuto implicito* accettando il consenso scientifico, ma non riuscendo ad accettare le sue implicazioni o ad agire per ridurre il problema. Questo è stato esemplificato dallo studio di Kari Norgaard su un villaggio norvegese colpito dal cambiamento climatico, dove i residenti hanno distolto la loro attenzione da altri problemi.

La terminologia è dibattuta: la maggior parte di coloro che rifiutano attivamente il consenso scientifico usa i termini *scettico* e *scetticismo sul cambiamento climatico*, e solo alcuni hanno espresso la preferenza per essere descritti come negazionisti, ma la parola "scetticismo" è usata impropriamente, poiché lo scetticismo scientifico è una parte intrinseca della metodologia scientifica. Il termine *contrarian* è più specifico, ma è usato meno frequentemente. Nella letteratura accademica e nel giornalismo, i termini "negazionista del cambiamento climatico" e "negazionisti del cambiamento climatico" hanno un uso consolidato come termini descrittivi senza alcun intento peggiorativo. Sia il National Center for Science Education che lo storico Spencer R. Weart riconoscono che entrambe le opzioni sono problematiche, ma hanno deciso di usare "negazione del cambiamento climatico" piuttosto che "scetticismo".

I termini legati al "negazionismo" sono stati criticati perché introducono un tono moralistico e potenzialmente implicano un legame con la negazione dell'Olocausto. Sono state avanzate affermazioni secondo cui questo legame sarebbe intenzionale, che gli studiosi hanno fortemente contestato. L'uso di "negazionismo" è antecedente all'Olocausto ed è comunemente applicato in altre aree, come il negazionismo dell'HIV/AIDS: l'affermazione è descritta da John Timmer di *Ars Technica* come una forma di negazionismo.

Nel dicembre 2014, una lettera aperta del Committee for Skeptical Inquiry ha invitato i media a smettere di usare il termine "scetticismo" quando ci si riferisce alla negazione del cambiamento climatico. Il Comitato contrapponeva lo scetticismo scientifico - che è "fondamentale per il metodo scientifico" - al negazionismo - "il rifiuto a priori di idee senza una considerazione oggettiva" - e al comportamento di coloro che sono coinvolti nei tentativi politici di minare la scienza del clima. Non tutti gli individui che si definiscono scettici sul cambiamento climatico sono negazionisti. Ma virtualmente tutti i negazionisti si sono falsamente etichettati come scettici. Perpetrando questo termine improprio, i giornalisti hanno concesso una credibilità immeritata a coloro che rifiutano la scienza e l'indagine scientifica". Nel giugno 2015 Media Matters for America ha saputo dal public editor del *New York Times* che il giornale tendeva sempre più a usare il termine "negazionista" quando "qualcuno mette in discussione la scienza consolidata", ma valutando questo su base individuale senza una politica fissa, e non avrebbe usato il termine quando qualcuno era "piuttosto indeciso sull'argomento o nel mezzo". La direttrice esecutiva della Society of Environmental Journalists ha detto che, pur essendoci un ragionevole scetticismo su questioni specifiche, ritiene che negazionista sia "il termine più accurato quando qualcuno sostiene che il riscaldamento globale non esiste, o concorda sulla sua esistenza ma nega che abbia una causa comprensibile o un impatto misurabile".

La lettera del Committee for Skeptical Inquiry ha ispirato una petizione di climatetruth.org in cui si chiede ai firmatari di "dire all'Associated Press: Stabilite una regola nell'AP StyleBook che escluda l'uso di 'scettico' per descrivere coloro che negano i fatti scientifici". Il 22 settembre 2015, l'Associated Press ha annunciato "un'aggiunta alla voce dell'*AP Stylebook* sul riscaldamento globale" che consigliava: "per descrivere coloro che non accettano la scienza del clima o che contestano che il mondo si stia riscaldando a causa di forze prodotte dall'uomo, usate i dubbi sul cambiamento climatico o coloro che rifiutano la scienza del clima mainstream. Evitare l'uso di scettici o negazionisti". Il 17 maggio 2019 anche il The Guardian ha rifiutato l'uso del termine "scettico del clima" a favore di "negazionista della scienza del clima".

La storia

Le ricerche sull'effetto del CO_2 sul clima iniziarono nel 1824, quando Joseph Fourier dedusse l'esistenza dell'"effetto serra" atmosferico. Nel 1860, John Tyndall quantificò gli effetti dei gas serra sull'assorbimento della radiazione infrarossa. Nel 1896 Svante Arrhenius dimostrò che la combustione del carbone poteva causare il riscaldamento globale e nel 1938 Guy Stewart Callendar scoprì che in qualche misura stava già avvenendo. La ricerca progredì rapidamente dopo il 1940; a partire dal 1957, Roger Revelle mise in guardia l'opinione pubblica dal rischio che la combustione di combustibili fossili fosse "un grandioso esperimento scientifico" sul clima. La NASA e il NOAA intrapresero la ricerca, il Rapporto Charney del 1979 concluse che un riscaldamento sostanziale era già in atto e che "una politica di attesa potrebbe significare aspettare fino a quando non sarà troppo tardi".

Nel 1959, uno scienziato che lavorava per la Shell suggerì in un articolo del New Scientist che i cicli del carbonio erano troppo vasti per alterare l'equilibrio della natura. Nel 1966, tuttavia, un'organizzazione di ricerca dell'industria del carbone, la Bituminous Coal Research Inc, pubblicò le sue conclusioni secondo cui, se le tendenze prevalenti del consumo di carbone fossero continuate, "la temperatura dell'atmosfera terrestre sarebbe aumentata e ne sarebbero derivati vasti cambiamenti nei climi della Terra". "Tali cambiamenti di temperatura causeranno lo scioglimento delle calotte polari che, a loro volta, provocheranno l'inondazione di molte città costiere, tra cui New York e Londra". In una discussione successiva a questo articolo nella stessa pubblicazione, un ingegnere di combustione della Peabody Coal, ora Peabody Energy, il più grande fornitore di carbone al mondo, ha aggiunto che l'industria del carbone stava semplicemente "guadagnando tempo" prima che venissero promulgate ulteriori normative governative sull'inquinamento atmosferico per ripulire l'aria. Ciononostante, per decenni l'industria del carbone ha sostenuto pubblicamente la posizione secondo cui l'aumento dell'anidride carbonica nell'atmosfera è benefico per il pianeta.

In risposta alla crescente consapevolezza dell'opinione pubblica sull'effetto serra negli anni '70, si è sviluppata una reazione conservatrice, che nega le preoccupazioni ambientali che potrebbero portare a una regolamentazione governativa. Con la presidenza di Ronald Reagan nel 1981, il riscaldamento globale divenne una questione politica, con l'immediato progetto di tagliare le spese per la ricerca ambientale, in particolare quella sul clima, e di interrompere i finanziamenti per il monitoraggio del CO_2. Reagan nominò Segretario all'Energia James B. Edwards, il quale affermò che non esisteva un vero problema di riscaldamento globale. Il deputato Al Gore aveva studiato sotto la guida di Revelle ed era consapevole dello sviluppo della scienza: si unì ad altri nell'organizzazione di audizioni congressuali a partire dal 1981, con testimonianze di scienziati tra cui Revelle, Stephen Schneider e Wallace Smith Broecker. Le audizioni ottennero un'attenzione pubblica tale da ridurre i tagli alla ricerca atmosferica. Si sviluppò un dibattito politico-partitico polarizzato. Nel 1982, Sherwood B. Idso pubblicò il libro *Carbon Dioxide: Friend or Foe?* in cui affermava che l'aumento di CO_2 non avrebbe riscaldato il pianeta, ma avrebbe fertilizzato le colture e sarebbe stato "qualcosa da incoraggiare e non da sopprimere", lamentando al contempo che le sue teorie erano state respinte dall'"establishment scientifico". Un rapporto dell'Agenzia per la Protezione dell'Ambiente (EPA) del 1983 affermava che il riscaldamento globale non era "un problema teorico, ma una minaccia i cui effetti si faranno sentire entro pochi anni", con conseguenze potenzialmente "catastrofiche". L'amministrazione Reagan reagì definendo il rapporto "allarmista" e la controversia ebbe un'ampia copertura giornalistica. L'attenzione dell'opinione pubblica si rivolse ad altre questioni, poi la scoperta nel 1985 di un buco nell'ozono polare portò a una rapida risposta internazionale. Per l'opinione pubblica si trattava di un problema legato al cambiamento climatico e alla possibilità di un'azione efficace, ma l'interesse delle notizie si affievolì.

L'attenzione dell'opinione pubblica si rinnovò tra siccità estive e ondate di calore quando James Hansen testimoniò in un'udienza del Congresso il 23 giugno 1988, affermando con grande sicurezza che era in corso un riscaldamento a lungo termine, con un probabile forte riscaldamento nei successivi 50 anni, e mettendo in guardia da probabili tempeste e inondazioni. L'attenzione dei media era crescente: la comunità scientifica aveva raggiunto un ampio consenso sul fatto che il clima si stava riscaldando, che l'attività umana ne era molto probabilmente la causa principale e che ci sarebbero state conseguenze significative se la tendenza al riscaldamento non fosse stata frenata. Questi fatti incoraggiarono la discussione su nuove leggi in materia di regolamentazione ambientale, a cui si oppose l'industria dei combustibili fossili.

Dal 1989 in poi le organizzazioni finanziate dall'industria, tra cui la Global Climate Coalition e il George C. Marshall Institute, hanno cercato di diffondere il dubbio tra il pubblico, secondo una strategia già sviluppata dall'industria del tabacco. Un piccolo gruppo di scienziati contrari al consenso sul riscaldamento globale si impegnò politicamente e, con il sostegno di interessi politici conservatori, iniziò a pubblicare su libri e giornali piuttosto che su riviste scientifiche. Questo piccolo gruppo di scienziati comprendeva alcune delle stesse persone che facevano parte della strategia già sperimentata dall'industria del tabacco. Spencer Weart identifica questo periodo come il punto in cui il legittimo scetticismo sugli aspetti fondamentali della scienza del clima non era più giustificato e coloro che diffondevano sfiducia su questi temi divennero negazionisti. Poiché le loro argomentazioni sono state sempre più confutate dalla comunità scientifica e dai nuovi dati, i negazionisti si sono rivolti ad argomenti politici, attaccando personalmente la reputazione degli scienziati e promuovendo l'idea di una cospirazione del riscaldamento globale.

Con la caduta del comunismo nel 1989 e la diffusione internazionale del movimento ambientalista al Vertice della Terra di Rio del 1992, l'attenzione dei think tank conservatori statunitensi, che si erano organizzati negli anni Settanta come movimento intellettuale di contrasto al socialismo, si è spostata dalla "paura rossa" alla "paura verde", che vedevano come una minaccia ai loro obiettivi di proprietà privata, economie di mercato di libero scambio e capitalismo globale. Come contro-movimento, hanno usato lo scetticismo ambientale per promuovere la negazione della realtà di problemi come la perdita di biodiversità e il cambiamento climatico.

Nel 1992, un rapporto dell'EPA collegò il fumo passivo al cancro ai polmoni. L'industria del tabacco ha ingaggiato la società di pubbliche relazioni APCO Worldwide, che ha messo a punto una strategia di campagne di astroturfing per mettere in dubbio i dati scientifici, collegando le ansie del fumo ad altre questioni, tra cui il riscaldamento globale, al fine di mettere l'opinione pubblica contro le richieste di intervento del governo. La campagna dipingeva le preoccupazioni dell'opinione pubblica come "paure infondate", presumibilmente basate solo su "scienza spazzatura" in contrasto con la loro "scienza solida", e operava attraverso gruppi di facciata, in primo luogo l'Advancement of Sound Science Center (TASSC) e il suo sito web Junk Science, gestito da Steven Milloy. In una nota dell'azienda del tabacco si legge: "Il dubbio è il nostro prodotto, poiché è il mezzo migliore per competere con il "corpo dei fatti" che esiste nella mente del pubblico in generale. È anche il mezzo per stabilire una controversia". Negli anni '90, la campagna per il tabacco si spense e il TASSC iniziò a ricevere finanziamenti dalle compagnie petrolifere, tra cui la Exxon. Il suo sito web divenne centrale nella distribuzione di "quasi tutti i tipi di negazione del cambiamento climatico che hanno trovato spazio nella stampa popolare".

Negli anni Novanta, il Marshall Institute ha iniziato a condurre campagne contro l'aumento delle normative su questioni ambientali come le piogge acide, la riduzione dell'ozono, il fumo passivo e i pericoli del DDT. In ogni caso, l'argomentazione era che la scienza era troppo incerta per giustificare qualsiasi intervento governativo, una strategia mutuata dai precedenti sforzi per minimizzare gli effetti del tabacco sulla salute negli anni Ottanta. Questa campagna sarebbe continuata per i due decenni successivi.

Questi sforzi sono riusciti a influenzare la percezione pubblica della scienza del clima. Tra il 1988 e gli anni Novanta, il discorso pubblico si è spostato dalla scienza e dai dati del cambiamento climatico alla discussione della politica e delle controversie circostanti.

La campagna per diffondere il dubbio è proseguita negli anni Novanta, con una campagna pubblicitaria finanziata dai sostenitori dell'industria del carbone per "riposizionare il riscaldamento globale come teoria piuttosto che come dato di fatto" e una proposta del 1998 scritta dall'American Petroleum Institute che intendeva reclutare scienziati per convincere i politici, i media e l'opinione pubblica che la scienza del clima era troppo incerta per giustificare una regolamentazione ambientale. La proposta comprendeva una strategia in più punti da 5.000.000 di dollari per "massimizzare l'impatto delle opinioni scientifiche coerenti con le nostre sul Congresso, sui media e su altri pubblici chiave", con l'obiettivo di "sollevare domande e sminuire la 'saggezza scientifica prevalente'".

Nel 1998, Gelbspan ha osservato che i suoi colleghi giornalisti accettavano l'esistenza del riscaldamento globale, ma affermavano di trovarsi nella "fase due" della negazione della crisi climatica, incapaci di accettare la fattibilità delle risposte al problema. Un libro successivo di Milburn e Conrad, intitolato *The Politics of Denial*, descrive "forze economiche e psicologiche" che producono la negazione del consenso sulle questioni relative al riscaldamento globale.

Questi sforzi dei gruppi di negazionisti del cambiamento climatico sono stati riconosciuti come una campagna organizzata a partire dagli anni 2000. I sociologi Riley Dunlap e Aaron McCright hanno avuto un ruolo significativo in questo cambiamento quando nel 2000 hanno pubblicato un articolo che esplorava la connessione tra i think tank conservatori e la negazione del cambiamento climatico. Uno studio del 2008 della University of Central Florida ha analizzato le fonti della letteratura "scettica nei confronti dell'ambiente" pubblicata negli Stati Uniti. L'analisi ha dimostrato che il 92% della letteratura era parzialmente o totalmente affiliata a think tank autoproclamatisi conservatori. Una ricerca successiva del 2015 ha identificato 4.556 persone con legami di rete sovrapposti a 164 organizzazioni che sono responsabili del maggior numero di sforzi per minimizzare la minaccia del cambiamento climatico negli Stati Uniti.

Boiling Point di Gelbspan, pubblicato nel 2004, descriveva la campagna dell'industria dei combustibili fossili per negare il cambiamento climatico e minare la fiducia del pubblico nella scienza del clima. Nella storia di copertina di *Newsweek* dell'agosto 2007, "The Truth About Denial" (La verità sul negazionismo), Sharon Begley ha riferito che "la macchina del negazionismo è in funzione a pieno ritmo" e ha affermato che questa "campagna ben coordinata e ben finanziata" da parte di scienziati contrari, think tank del libero mercato e industria ha "creato una nebbia paralizzante di dubbi intorno al cambiamento climatico".

Riferendosi al lavoro dei sociologi Robert Antonio e Robert Brulle, Wayne A. White ha scritto che la negazione del cambiamento climatico è diventata la priorità principale di un più ampio programma di regolamentazione anti-ambientale perseguito dai neoliberali. Oggi lo scetticismo sul cambiamento climatico è più evidente negli Stati Uniti, dove i media presentano in modo sproporzionato le opinioni della comunità che nega il cambiamento climatico. Oltre che dai media, il movimento dei contrari è stato sostenuto anche dalla crescita di Internet, avendo ottenuto una parte del suo sostegno da blogger, conduttori di talk radio ed editorialisti di giornali.

Il New York Times e altri hanno riportato nel 2015 che le compagnie petrolifere sapevano che la combustione di petrolio e gas poteva causare il cambiamento climatico e il riscaldamento globale fin dagli anni '70, ma hanno comunque finanziato i negazionisti per anni. Dana Nuccitelli ha scritto sul *Guardian* che una piccola frangia di negazionisti del clima non è stata più presa sul serio alla Conferenza delle Nazioni Unite sui cambiamenti climatici del 2015, con l'accordo che "dobbiamo smettere di rimandare e iniziare a fare sul serio per prevenire una crisi climatica". Tuttavia, *il New York Times* afferma che qualsiasi implementazione è volontaria e dipenderà dai futuri leader mondiali - e ogni candidato repubblicano alla presidenza degli Stati Uniti nel 2016 ha messo in dubbio o negato la scienza del cambiamento climatico.

Ernesto Araújo, il nuovo ministro degli Esteri nominato dal neoeletto presidente brasiliano Jair Bolsonaro, ha definito il riscaldamento globale un complotto di "marxisti culturali" e ha eliminato la divisione Cambiamenti climatici del ministero.

Reti di negazione

Stati Uniti

L'industria della negazione del cambiamento climatico è più potente negli Stati Uniti. Nel ciclo elettorale degli Stati Uniti del 2016, tutti i candidati repubblicani alla presidenza hanno messo in dubbio o negato i cambiamenti climatici e si sono opposti alle iniziative del governo degli Stati Uniti per affrontare i cambiamenti climatici, così come il leader repubblicano al Senato degli Stati Uniti.

Un rapporto del Pentagono ha evidenziato come la negazione dei cambiamenti climatici minacci la sicurezza nazionale. Uno studio del 2015 ha identificato 4.556 persone con legami di rete sovrapposti a 164 organizzazioni che sono responsabili del maggior numero di sforzi per minimizzare la minaccia del cambiamento climatico negli Stati Uniti.

Nel 2013, il Center for Media and Democracy ha riferito che lo State Policy Network (SPN), un gruppo ombrello di 64 think tank statunitensi, ha svolto attività di lobby per conto di grandi aziende e donatori conservatori per opporsi alla regolamentazione del cambiamento climatico.

Internazionale

La Coalizione Clexit sostiene di essere: "Una nuova organizzazione internazionale (che) mira a impedire la ratifica del costoso e pericoloso trattato di Parigi sul riscaldamento globale". Ha membri in 26 Paesi. Secondo il quotidiano The Guardian: "I leader della Clexit sono fortemente coinvolti in organizzazioni finanziate dal tabacco e dai combustibili fossili".

Editori, siti web

Nel novembre 2021, uno studio del Center for Countering Digital Hate ha identificato "dieci editori marginali" che insieme erano responsabili di quasi il 70% delle interazioni degli utenti di Facebook con contenuti che negavano il cambiamento climatico. Facebook ha dichiarato che la percentuale era sovrastimata e ha definito lo studio fuorviante.

I "dieci editori tossici": *Breitbart News*, *The Western Journal*, Newsmax, Townhall, Media Research Center, *The Washington Times*, *The Federalist*, *The Daily Wire*, RT (rete televisiva) e *The Patriot Post*.

The Rebel Media e il suo direttore, Ezra Levant, hanno promosso la negazione del cambiamento climatico e l'estrazione di sabbie bituminose in Alberta.

Argomenti e posizioni sul riscaldamento globale

Alcuni gruppi di negazionisti del cambiamento climatico sostengono che, poiché la CO_2 è solo una traccia di gas nell'atmosfera (circa 400ppm, o 0,04%, 4 parti su 10.000), può avere solo un effetto minore sul clima. Gli scienziati sanno da oltre un secolo che anche questa piccola percentuale ha un effetto di riscaldamento significativo e che il raddoppio della percentuale porta a un forte aumento della temperatura. Il consenso scientifico, come riassunto dal quarto rapporto di valutazione dell'IPCC, dal Servizio Geologico degli Stati Uniti e da altri rapporti, è che l'attività umana è la causa principale del cambiamento climatico. La combustione di combustibili fossili è responsabile di circa 30 miliardi di tonnellate di CO_2 ogni anno, una quantità 130 volte superiore a quella prodotta dai vulcani. Alcuni gruppi sostengono che il vapore acqueo sia un gas serra più significativo e che sia escluso da molti modelli climatici. Sebbene il vapore acqueo sia un gas serra, la sua vita atmosferica molto breve (circa 10 giorni) rispetto a quella del CO_2 (centinaia di anni) fa sì che il CO_2 sia il principale responsabile dell'aumento delle temperature; il vapore acqueo agisce come meccanismo di feedback, non di forzatura. Il vapore acqueo è stato incorporato nei modelli climatici fin dalla loro nascita, alla fine del 1800.

I gruppi di negazionisti climatici possono anche sostenere che il riscaldamento globale si è fermato di recente, uno hiatus del riscaldamento globale, o che le temperature globali stanno effettivamente diminuendo, portando a un raffreddamento globale. Queste argomentazioni si basano su fluttuazioni a breve termine e ignorano il modello di riscaldamento a lungo termine.

Questi gruppi spesso indicano la variabilità naturale, come le macchie solari e i raggi cosmici, per spiegare la tendenza al riscaldamento. Secondo questi gruppi, la variabilità naturale è destinata a ridursi nel tempo e le influenze umane hanno poco a che fare con essa. Questi fattori sono già presi in considerazione nello sviluppo dei modelli climatici e il consenso scientifico è che non possono spiegare la tendenza al riscaldamento osservata.

In una riunione del maggio 2018 della Commissione per la scienza, lo spazio e la tecnologia della Camera degli Stati Uniti, il rappresentante dell'Alabama Mo Brooks ha affermato che l'innalzamento del livello del mare non è causato dallo scioglimento dei ghiacciai, ma piuttosto dall'erosione delle coste e dal limo che dai fiumi si riversa nell'oceano.

La letteratura sul negazionismo del cambiamento climatico spesso suggerisce che dovremmo aspettare tecnologie migliori prima di affrontare il cambiamento climatico, quando saranno più accessibili ed efficaci.

Teorie del complotto

Sono state avanzate teorie di cospirazione sul riscaldamento globale che sostengono che il consenso scientifico sia illusorio o che i climatologi agiscano per i propri interessi finanziari causando un indebito allarme sul cambiamento del clima. Nonostante le e-mail trapelate durante la controversia sulle e-mail della Climatic Research Unit e le ricerche multinazionali e indipendenti sull'argomento, non è stata presentata alcuna prova di tale cospirazione ed esiste un forte consenso tra scienziati provenienti da una moltitudine di contesti politici, sociali, organizzativi e nazionali sulla portata e sulle cause del cambiamento climatico. Diversi ricercatori hanno concluso che circa il 97% degli scienziati del clima concorda con questo consenso. Inoltre, molti dei dati utilizzati nella scienza del clima sono disponibili pubblicamente per essere consultati e interpretati da ricercatori concorrenti e dal pubblico.

Nel 2012, una ricerca condotta da Stephan Lewandowsky (all'epoca dell'Università dell'Australia Occidentale) ha concluso che la convinzione di altre teorie del complotto, come quella che l'FBI fosse responsabile dell'assassinio di Martin Luther King, Jr. era associata a una maggiore probabilità di sostenere la negazione del cambiamento climatico.

Nel febbraio 2015, il negazionista del cambiamento climatico Jim Inhofe, che in precedenza aveva definito il cambiamento climatico "la più grande bufala mai perpetrata contro il popolo americano", ha affermato di aver sfatato la presunta bufala portando con sé una palla di neve nell'aula del Senato degli Stati Uniti e lanciandola sul pavimento. Nel 2017 gli è succeduto John Barrasso, che ha dichiarato quanto segue: "Il clima è in costante cambiamento. Il ruolo dell'attività umana non è noto".

Nel 2012 Donald Trump ha twittato che i cinesi hanno inventato "il concetto di riscaldamento globale" perché credevano che avrebbe in qualche modo danneggiato la produzione statunitense. Alla fine del 2015 ha definito il riscaldamento globale una "bufala".

Tassonomia della negazione del cambiamento climatico

Nel 2004, Stefan Rahmstorf ha descritto come i media diano l'impressione fuorviante che il cambiamento climatico sia ancora contestato all'interno della comunità scientifica, attribuendo questa impressione agli sforzi di PR degli scettici del cambiamento climatico. Ha identificato diverse posizioni sostenute dagli scettici del clima, che ha utilizzato come tassonomia dello scetticismo sul cambiamento climatico: In seguito il modello è stato applicato anche al negazionismo.

1. Gli scettici o negazionisti (che negano l'esistenza del riscaldamento globale), [e] sostengono che non si sta verificando alcun riscaldamento climatico significativo, affermando che la tendenza al riscaldamento misurata dalle stazioni meteorologiche è un artefatto dovuto all'urbanizzazione intorno a tali stazioni ("effetto isola di calore urbana").

2. Gli scettici o negazionisti dell'attribuzione (che accettano la tendenza al riscaldamento globale ma ne vedono le cause naturali), [e] dubitano che le attività umane siano responsabili delle tendenze osservate. Alcuni di loro negano persino che l'aumento del contenuto atmosferico di CO_2 sia antropogenico [mentre altri sostengono che] l'aggiunta di CO_2 non porta a un riscaldamento percepibile [e] che ci devono essere altre cause naturali per il riscaldamento.

3. Scettici o negazionisti dell'impatto (che pensano che il riscaldamento globale sia innocuo o addirittura benefico).

Questa tassonomia è stata utilizzata nelle scienze sociali per l'analisi delle pubblicazioni e per classificare lo scetticismo e la negazione del cambiamento climatico. A volte viene aggiunta una quarta categoria, chiamata "negazione del consenso", che descrive le persone che mettono in dubbio il consenso scientifico sul riscaldamento globale antropogenico.

Il National Center for Science Education descrive il negazionismo del cambiamento climatico come una contestazione di punti diversi del consenso scientifico, una serie sequenziale di argomentazioni che vanno dalla negazione dell'esistenza del cambiamento climatico, all'accettazione di questo ma alla negazione di qualsiasi contributo umano significativo, all'accettazione di questi ma alla negazione delle scoperte scientifiche su come questo influirebbe sulla natura e sulla società umana, fino all'accettazione di tutti questi ma alla negazione che l'uomo possa mitigare o ridurre i problemi. James L. Powell fornisce un elenco più esteso, così come il climatologo Michael E. Mann nei "sei stadi della negazione", un modello a scaletta in cui i negazionisti hanno nel tempo concesso l'accettazione di alcuni punti, ritirandosi in una posizione che ancora rifiuta il consenso mainstream:

1. Il CO_2 non è in realtà in aumento.

2. Anche se lo fosse, l'aumento non ha alcun impatto sul clima, poiché non ci sono prove convincenti del riscaldamento.

3. Anche se c'è un riscaldamento, è dovuto a cause naturali.

4. Anche se il riscaldamento non può essere spiegato da cause naturali, l'impatto umano è ridotto e l'impatto delle continue emissioni di gas serra sarà minore.

5. Anche se gli effetti umani attuali e futuri previsti sul clima della Terra non sono trascurabili, i cambiamenti saranno generalmente positivi per noi.

6. Che i cambiamenti siano positivi o meno, gli esseri umani sono molto abili nell'adattarsi ai cambiamenti; inoltre, è troppo tardi per intervenire e/o una soluzione tecnologica arriverà quando ne avremo davvero bisogno.

Giornalisti ed editorialisti, tra cui George Monbiot ed Ellen Goodman, hanno descritto la negazione del cambiamento climatico come una forma di negazionismo.

Il negazionismo in questo contesto è stato definito da Chris e Mark Hoofnagle come l'uso di dispositivi retorici "per dare l'apparenza di un dibattito legittimo dove non c'è, un approccio che ha come obiettivo finale il rifiuto di una proposizione su cui esiste un consenso scientifico". Questo processo utilizza tipicamente una o più delle seguenti tattiche:

1. L'accusa che il consenso scientifico implichi una cospirazione per falsificare i dati o sopprimere la verità: una teoria del complotto sul riscaldamento globale.

2. Falsi esperti, o individui con opinioni in contrasto con le conoscenze consolidate, che allo stesso tempo emarginano o denigrano gli esperti di argomenti pubblicati. Come il dubbio costruito sul fumo e la salute, alcuni scienziati contrari si oppongono al consenso sul clima, alcuni dei quali sono le stesse persone.

3. Selettività, come la scelta di documenti atipici o addirittura obsoleti, così come la controversia sul vaccino MMR si è basata su un solo documento: esempi sono le idee screditate del periodo caldo medievale.

4. Esigenze di ricerca inapplicabili, sostenendo che qualsiasi incertezza invalida il campo o esagerando l'incertezza e rifiutando probabilità e modelli matematici.

5. Fallacie logiche.

Nel 2015, l'ambientalista Bill McKibben ha accusato il presidente Obama (ampiamente considerato come fortemente favorevole all'azione sui cambiamenti climatici) di "negazione catastrofica del cambiamento climatico", per la sua approvazione dei permessi di trivellazione petrolifera nell'Alaska offshore. Secondo McKibben, il Presidente ha anche "aperto enormi aree del bacino del Powder River a nuove estrazioni di carbone". McKibben lo chiama "negazione del clima del tipo status quo", in cui il Presidente nega "il significato della scienza, che è che dobbiamo mantenere il carbonio nel terreno".

Uno studio ha valutato la percezione e le azioni del pubblico nei confronti del cambiamento climatico, sulla base dei sistemi di credenze, e ha identificato sette barriere psicologiche che influenzano il comportamento che altrimenti faciliterebbe la mitigazione, l'adattamento e la gestione dell'ambiente. L'autore ha riscontrato le seguenti barriere: cognizione, visione ideologica del mondo, paragoni con persone chiave, costi e tempi, discredito nei confronti di esperti e autorità, rischi percepiti del cambiamento e cambiamenti comportamentali inadeguati.

Pseudoscienza

Diversi gruppi, tra cui il National Center for Science Education, hanno descritto la negazione del cambiamento climatico come una forma di pseudoscienza. Lo scetticismo sul cambiamento climatico, pur professando in alcuni casi di fare ricerca sul cambiamento climatico, si è concentrato invece sull'influenzare l'opinione pubblica, i legislatori e i media, in contrasto con la scienza legittima.

In una recensione del libro *The Pseudoscience Wars: Immanuel Velikovsky and the Birth of the Modern Fringe* di Michael D. Gordin, David Morrison ha scritto:

Nel capitolo finale, Gordin affronta la nuova fase della pseudoscienza, praticata da alcuni scienziati disonesti. Il negazionismo del cambiamento climatico ne è l'esempio principale: un manipolo di scienziati, alleati con un'efficace macchina di pubbliche relazioni, sta sfidando pubblicamente il consenso scientifico sul fatto che il riscaldamento globale è reale ed è dovuto principalmente al consumo umano di combustibili fossili. Gli scienziati hanno assistito increduli al fatto che, mentre le prove del riscaldamento globale sono diventate sempre più solide, i negazionisti hanno avuto sempre più successo nell'arena pubblica e politica. ... Oggi la pseudoscienza è ancora tra noi e rappresenta una sfida pericolosa per la scienza come lo è stata in passato.

False credenze

È stato dimostrato che spiegare le tecniche di negazione della scienza e di disinformazione, presentando "esempi di persone che usano il cherrypicking o falsi esperti o falsi equilibri per fuorviare il pubblico", inocula in qualche modo le persone contro la disinformazione.

Il dialogo incentrato sulla questione di come le convinzioni differiscano dalla teoria scientifica può fornire utili indicazioni sul funzionamento del metodo scientifico e sul fatto che le convinzioni possono avere prove forti o minime a sostegno. L'indagine di Wong-Parodi sulla letteratura mostra quattro approcci efficaci al dialogo, tra cui "incoraggiare le persone a condividere apertamente i loro valori e la loro posizione sul cambiamento climatico prima di introdurre nella discussione le informazioni scientifiche sul clima".

Aspetti emotivi e psicologici

Il senatore dello Stato della Florida Tom Lee ha descritto l'impatto emotivo e le reazioni degli individui ai cambiamenti climatici. Lee afferma: "Se queste previsioni si avverano, è semplicemente scoraggiante dal punto di vista economico. Insomma, bisogna essere il Tristo Mietitore della realtà in un mondo che non ama molto il Tristo Mietitore. Ecco perché uso l'espressione "emotivamente spento", perché penso che molte volte nella conversazione repubblicana si perda il contatto con la realtà". Le reazioni emotive al cambiamento climatico possono includere senso di colpa, paura, rabbia e apatia. Psychology Today, in un articolo intitolato "The Existential Dread of Climate Change" (La paura esistenziale del cambiamento climatico), ha suggerito che "la disperazione per il nostro clima che sta cambiando può ostacolare la soluzione del problema". L'American Psychological Association ha esortato gli psicologi e gli altri scienziati sociali a lavorare sulle barriere psicologiche che impediscono di agire sul cambiamento climatico.

Rispondere alla negazione del clima: il ruolo delle emozioni e dell'argomentazione persuasiva

In un articolo dell'Irish Times si legge che il negazionismo climatico "non si supera semplicemente con argomentazioni ragionate", perché non è una risposta razionale. Il tentativo di superare il rifiuto utilizzando tecniche di argomentazione persuasiva, come fornire un'informazione mancante o fornire un'educazione scientifica generale, può essere inefficace. Una persona che nega il clima è molto probabile che prenda una posizione basata sui propri sentimenti, in particolare su ciò che teme.

Lewandowsky ha dichiarato che "è abbastanza chiaro che la paura delle soluzioni guida l'opposizione alla scienza".

Può essere utile rispondere alle emozioni, anche con l'affermazione "Può essere doloroso rendersi conto che il nostro stile di vita è responsabile", per aiutare a passare "dalla negazione all'accettazione all'azione costruttiva".

Agricoltori e negazione del clima

Vedere risultati economici positivi derivanti da pratiche agricole rispettose del clima o essere coinvolti nella gestione intergenerazionale di un'azienda agricola può avere un ruolo nell'allontanare gli agricoltori dal negazionismo. Uno studio sul rifiuto del cambiamento climatico tra gli agricoltori australiani ha rilevato che gli agricoltori avevano meno probabilità di assumere una posizione di rifiuto del clima se avevano sperimentato un miglioramento della produzione grazie a pratiche rispettose del clima o se avevano identificato una persona più giovane come successore per la loro azienda agricola.

Negli Stati Uniti, i dialoghi sul clima rurale sponsorizzati dal Sierra Club hanno aiutato i vicini a superare le paure della polarizzazione politica e dell'esclusione e a riunirsi per affrontare le preoccupazioni comuni sull'impatto del clima nelle loro comunità. Alcuni partecipanti, che avevano iniziato con atteggiamenti di negazione del cambiamento climatico antropogenico, sono passati a identificare le preoccupazioni che vorrebbero vedere affrontate dai funzionari locali.

Persone che hanno cambiato posizione

"Una volta ero uno scettico sul cambiamento climatico", ha ammesso nel 2018 l'editorialista conservatore Max Boot, uno che credeva che "la scienza fosse inconcludente" e che la preoccupazione fosse "esagerata". Ora, dice riferendosi al quarto National Climate Assessment, "il consenso scientifico è così chiaro e convincente".

Bob Inglis, ex rappresentante degli Stati Uniti per la Carolina del Sud, ha cambiato idea dopo gli appelli del figlio sulle sue posizioni ambientali e dopo aver trascorso del tempo con lo scienziato del clima Scott Heron a studiare lo sbiancamento dei coralli nella Grande Barriera Corallina. Inglis ha perso la corsa alla Camera nel 2010 e ha fondato republicEn, un'organizzazione no-profit che promuove voci e soluzioni conservatrici sul cambiamento climatico.

Jerry Taylor ha promosso il negazionismo climatico per 20 anni come ex direttore del personale della task force energia e ambiente dell'American Legislative Exchange Council (ALEC) ed ex vicepresidente del Cato Institute. Taylor ha iniziato a cambiare idea dopo che lo scienziato del clima James Hansen lo ha sfidato a rileggere alcune testimonianze del Senato. Nel 2014 è diventato presidente del Niskanen Center, dove si occupa di trasformare gli scettici del clima in attivisti del clima e di far valere le ragioni economiche dell'azione per il clima.

Nel 2009, il presidente russo Dmitri Medvedev ha espresso l'opinione che il cambiamento climatico fosse "una sorta di campagna ingannevole inventata da alcune strutture commerciali per promuovere i loro progetti di business". Dopo i devastanti incendi russi del 2010, che hanno danneggiato l'agricoltura e lasciato Mosca soffocata dal fumo, Medvedev ha commentato: "Purtroppo, quello che sta accadendo ora nelle nostre regioni centrali è la prova di questo cambiamento climatico globale".

Michael Shermer, editore della rivista *Skeptic*, nel 2006 ha raggiunto un punto di svolta grazie alla sua crescente familiarità con le prove scientifiche e ha deciso che c'erano "prove schiaccianti a favore del riscaldamento globale antropogenico". Anche il giornalista Gregg Easterbrook, uno dei primi scettici del cambiamento climatico, autore dell'influente libro *A Moment on the Earth*, ha cambiato idea nel 2006 e ha scritto un saggio intitolato "Case Closed: Il dibattito sul riscaldamento globale è finito".

Il meteorologo senior di Weather Channel Stu Ostro ha espresso scetticismo o cinismo sul riscaldamento globale di origine antropica per alcuni anni, ma dal 2010 si è impegnato a spiegare le connessioni tra il cambiamento climatico causato dall'uomo e i fenomeni meteorologici estremi.

Richard A. Muller, professore di fisica all'Università della California, Berkeley, e cofondatore del progetto Berkeley Earth Surface Temperature, finanziato dalla Charles Koch Charitable Foundation, è stato un critico di primo piano della scienza climatica prevalente. Nel 2011 ha dichiarato che "dopo un intenso lavoro di ricerca che ha coinvolto una dozzina di scienziati, ho concluso che il riscaldamento globale è reale e che le stime precedenti del tasso di riscaldamento erano corrette. Ora faccio un ulteriore passo avanti: L'uomo è quasi interamente la causa".

Finanziamento

Tra il 2002 e il 2010, il reddito annuo combinato di 91 organizzazioni contro il cambiamento climatico - think tank, gruppi di difesa e associazioni industriali - è stato di circa 900 milioni di dollari. Nello stesso periodo, i miliardari hanno donato segretamente quasi 120 milioni di dollari (77 milioni di sterline) attraverso il Donors Trust e il Donors Capital Fund a più di 100 organizzazioni che cercano di minare la percezione pubblica della scienza del cambiamento climatico.

Alla fine del 2019, negli Stati Uniti, il 97% dei contributi politici dell'industria del carbone e l'88% dei contributi dell'industria del petrolio e del gas erano andati ai repubblicani, portando l'economista Paul Krugman a definire i repubblicani "l'unico grande partito negazionista del clima al mondo".

L'opinione pubblica

L'opinione pubblica sui cambiamenti climatici è influenzata in modo significativo dalla copertura mediatica dei cambiamenti climatici e dagli effetti delle campagne di negazione dei cambiamenti climatici. Le campagne volte a minare la fiducia dell'opinione pubblica nella scienza del clima hanno diminuito la convinzione del pubblico nei confronti del cambiamento climatico, che a sua volta ha influenzato gli sforzi legislativi per ridurre le emissioni di CO_2. Un'altra ragione per cui l'opinione pubblica è scettica nei confronti dei cambiamenti climatici è la mancanza di conoscenze.

Stati Uniti

In un sondaggio ABC News/Time/Stanford del 2006, il 56% degli americani ha risposto correttamente che le temperature medie globali erano aumentate nei tre anni precedenti. Tuttavia, nello stesso sondaggio, due terzi hanno dichiarato di ritenere che gli scienziati siano "molto in disaccordo" sul "fatto che il riscaldamento globale sia in atto o meno".

Dal 2001 al 2012, il numero di americani che ha dichiarato di credere nel riscaldamento globale antropogenico è diminuito dal 75% al 44%. (Gli scienziati ritengono che sia in atto).

Uno studio ha rilevato che il sostegno alle politiche sul cambiamento climatico e il comportamento del pubblico sono significativamente influenzati da credenze, atteggiamenti e percezione del rischio. A marzo 2018 il tasso di accettazione tra i previsori televisivi statunitensi del fatto che il clima stia cambiando è salito al novantacinque per cento. Anche il numero di servizi televisivi locali sul riscaldamento globale è aumentato di quindici volte. Climate Central ha ricevuto parte del merito di questo risultato perché fornisce corsi per meteorologi e grafici per le stazioni televisive.

Negli Stati Uniti i media popolari prestano più attenzione agli scettici sul cambiamento climatico che alla comunità scientifica nel suo complesso, e il livello di consenso all'interno della comunità scientifica non è stato comunicato con precisione. In alcuni casi, i notiziari hanno permesso agli scettici di spiegare la scienza del cambiamento climatico invece che agli esperti di climatologia. La copertura mediatica degli Stati Uniti e del Regno Unito differisce da quella presentata in altri Paesi, dove l'informazione è più coerente con la letteratura scientifica. Alcuni giornalisti attribuiscono questa differenza al fatto che la negazione del cambiamento climatico è propagata, soprattutto negli Stati Uniti, da organizzazioni incentrate sul business che utilizzano tattiche già sperimentate dalla lobby del tabacco statunitense. In Francia, negli Stati Uniti e nel Regno Unito, le opinioni degli scettici del cambiamento climatico appaiono molto più frequentemente nei notiziari conservatori rispetto alle altre notizie, e in molti casi tali opinioni sono lasciate incontestate.

Gli sforzi di Al Gore e di altre campagne ambientaliste si sono concentrati sugli effetti del riscaldamento globale e sono riusciti ad aumentare la consapevolezza e la preoccupazione, ma nonostante questi sforzi, il numero di americani che crede che l'uomo sia la causa del riscaldamento globale era fermo al 61% nel 2007, e quelli che credono che i media popolari stiano sottovalutando la questione sono rimasti circa il 35%. Un recente sondaggio del 2015 suggerisce che, sebbene gli americani siano sempre più consapevoli dei pericoli e delle implicazioni del cambiamento climatico per le generazioni future, la maggioranza non è preoccupata. Da un sondaggio condotto nel 2004, è emerso che oltre il 30% delle notizie presentate nel decennio precedente mostrava la stessa attenzione ai contributi umani e non umani al riscaldamento globale.

Nel 2018, l'Associazione nazionale degli insegnanti di scienze ha esortato gli insegnanti a "sottolineare agli studenti che non esiste alcuna controversia scientifica sui fatti fondamentali del cambiamento climatico".

Europa

La negazione del cambiamento climatico è stata promossa da diversi partiti europei di estrema destra, tra cui lo spagnolo Vox, il partito finlandese di estrema destra, il partito austriaco di estrema destra Freedom Party e il partito tedesco anti-immigrazione Alternative for Deutschland (AfD).

Nazionalismo

È stato suggerito che il cambiamento climatico può essere in conflitto con una visione nazionalistica perché è "irrisolvibile" a livello nazionale e richiede un'azione collettiva tra nazioni o tra comunità locali, e che quindi il nazionalismo populista tende a rifiutare la scienza del cambiamento climatico.

In un discorso TED Yuval Noah Harari osserva:

Il nazionalismo non ha soluzioni per il cambiamento climatico. Se si vuole essere nazionalisti nel XXI secolo, si deve negare il problema. Se si accetta la realtà del problema, allora si deve accettare che, sì, c'è ancora spazio nel mondo per il patriottismo, c'è ancora spazio nel mondo per avere lealtà e obblighi speciali verso il proprio popolo, verso il proprio Paese. Non credo che nessuno stia pensando di abolirlo. Ma per affrontare il cambiamento climatico, abbiamo bisogno di ulteriori lealtà e impegni a un livello che vada oltre la nazione.

Nel 2019, il sottosegretario statunitense all'Energia Mark W. Menezes ha dichiarato che le esportazioni del progetto Freeport LNG avrebbero "diffuso il gas della libertà in tutto il mondo", mentre l'assistente segretario per l'Energia fossile Steven Winberg ha fatto eco all'appello di esportare a livello internazionale "molecole di libertà degli Stati Uniti".

D'altra parte, è stato sostenuto che un'azione efficace per il clima è policentrica piuttosto che internazionale e che l'interesse nazionale nei gruppi multilaterali può essere favorito dal superamento della negazione del cambiamento climatico. I contrari al cambiamento climatico possono credere in una "caricatura" dell'intervento statale internazionalista, percepito come una minaccia alla sovranità nazionale, e possono attribuire nuovamente rischi come le inondazioni alle istituzioni internazionali. La politica del partito indipendentista britannico sul cambiamento climatico è stata influenzata dal noto contrarian Christopher Monckton e poi dal portavoce del partito per l'energia Roger Helmer, che in un discorso ha dichiarato: "Non è chiaro se l'aumento della CO_2 atmosferica sia antropogenico".

Jerry Taylor del Niskanen Center sostiene che la negazione del cambiamento climatico è una componente importante della coscienza storica trumpiana e "gioca un ruolo significativo nell'architettura del trumpismo come sistema filosofico in via di sviluppo".

Sebbene la negazione del cambiamento climatico fosse apparentemente in declino *intorno al* 2021, alcune organizzazioni nazionaliste di destra hanno adottato una teoria di "populismo ambientale" che sostiene che le risorse naturali dovrebbero essere preservate per gli attuali residenti di una nazione, escludendo gli immigrati. Altre organizzazioni di destra hanno creato nuove "ali verdi" che affermano falsamente che sono i rifugiati provenienti da Paesi poveri la causa dell'inquinamento ambientale e dei cambiamenti climatici, e che quindi dovrebbero essere esclusi.

Lobbying

Gli sforzi di lobby contro la regolamentazione ambientale hanno incluso campagne per creare dubbi sulla scienza alla base del cambiamento climatico e per oscurare il consenso scientifico e i dati. Questi sforzi hanno minato la fiducia dell'opinione pubblica nella scienza del clima e hanno avuto un impatto sulla lobby del cambiamento climatico.

Le organizzazioni di difesa politica FreedomWorks e Americans for Prosperity, finanziate dai fratelli David e Charles Koch delle Koch Industries, sono state importanti nel sostenere il movimento del Tea Party e nell'incoraggiare il movimento a concentrarsi sul cambiamento climatico. Altre organizzazioni conservatrici come la Heritage Foundation, il Marshall Institute, il Cato Institute e l'American Enterprise Institute hanno partecipato in modo significativo a questi tentativi di lobbying, cercando di bloccare o eliminare le normative ambientali.

Questo approccio per sminuire l'importanza del cambiamento climatico è stato copiato dai lobbisti del tabacco; di fronte alle prove scientifiche che collegavano il tabacco al cancro ai polmoni, per impedire o ritardare l'introduzione di una regolamentazione. I lobbisti hanno cercato di screditare la ricerca scientifica creando dubbi e manipolando il dibattito. Hanno lavorato per screditare gli scienziati coinvolti, per contestare le loro scoperte e per creare e mantenere un'apparente controversia promuovendo affermazioni che contraddicevano la ricerca scientifica. "Il dubbio è il nostro prodotto", si vantava un ormai famigerato promemoria dell'industria del 1969. Il dubbio avrebbe messo l'industria del tabacco al riparo da controversie e regolamenti per decenni a venire". Nel 2006, George Monbiot ha scritto sul *Guardian* delle somiglianze tra i metodi dei gruppi finanziati dalla Exxon e quelli del gigante del tabacco Philip Morris, compresi gli attacchi diretti alla scienza sottoposta a revisione paritaria e i tentativi di creare controversie e dubbi nell'opinione pubblica.

L'ex presidente dell'Accademia Nazionale delle Scienze Frederick Seitz, che, secondo un articolo di Mark Hertsgaard su *Vanity Fair*, ha guadagnato circa 585.000 dollari negli anni '70 e '80 come consulente della R.J. Reynolds Tobacco Company, ha poi presieduto gruppi come il Science and Environmental Policy Project e il George C. Marshall Institute che si presume si siano adoperati per "minimizzare" il riscaldamento globale. Negli anni '80 Seitz ha dichiarato che "il riscaldamento globale è molto più una questione di politica che di clima". Seitz è stato l'autore della Petizione Oregon, un documento pubblicato congiuntamente dal Marshall Institute e dall'Oregon Institute of Science and Medicine in opposizione al protocollo di Kyoto. La petizione e l'allegato "Research Review of Global Warming Evidence" sostenevano:

I limiti proposti per i gas serra danneggerebbero l'ambiente, ostacolerebbero il progresso della scienza e della tecnologia e danneggerebbero la salute e il benessere dell'umanità. Non ci sono prove scientifiche convincenti che il rilascio umano di anidride carbonica, metano o altri gas serra stia causando o causerà, nel prossimo futuro, un riscaldamento catastrofico dell'atmosfera terrestre e uno sconvolgimento del clima della Terra. ... Viviamo in un ambiente sempre più rigoglioso di piante e animali come risultato dell'aumento dell'anidride carbonica. I nostri figli godranno di una Terra con un numero di piante e animali di gran lunga superiore a quello con cui siamo ora benedetti. Questo è un dono meraviglioso e inaspettato della rivoluzione industriale.

George Monbiot ha scritto sul *Guardian* che questa petizione, che egli critica come fuorviante e legata ai finanziamenti dell'industria, "è stata citata da quasi tutti i giornalisti che sostengono che il cambiamento climatico è un mito". Gli sforzi dei gruppi di negazionisti del cambiamento climatico hanno avuto un ruolo significativo nel rifiuto finale del protocollo di Kyoto negli Stati Uniti.

Monbiot ha scritto di un altro gruppo fondato dalla lobby del tabacco, The Advancement of Sound Science Coalition (TASSC), che ora si batte contro le misure per combattere il riscaldamento globale. Cercando ancora una volta di creare l'apparenza di un movimento popolare contro la "paura infondata" e l'"eccesso di regolamentazione", Monbiot afferma che la TASSC "ha fatto più danni alla campagna per fermare [il cambiamento climatico] di qualsiasi altro organismo".

Il sociologo ambientale Robert Brulle della Drexel University ha analizzato i finanziamenti di 91 organizzazioni che si oppongono alle restrizioni sulle emissioni di anidride carbonica, che ha definito il "contro-movimento per il cambiamento climatico". Tra il 2003 e il 2013, i fondi Donors Trust e Donors Capital Fund, insieme, sono stati i maggiori finanziatori, con circa un quarto dei fondi totali, mentre l'American Enterprise Institute è stato il maggiore beneficiario, con il 16% dei fondi totali. Lo studio ha anche rilevato che è aumentata la quantità di denaro donato a queste organizzazioni per mezzo di fondazioni le cui fonti di finanziamento non possono essere rintracciate.

Il lavoro della società di consulenza economica Charles River Associates, che prevedeva l'impatto sull'occupazione del Climate Stewardship Act del 2003, è stato criticato dal Natural Resources Defense Council nel 2005 per l'utilizzo di ipotesi economiche irrealistiche e per aver prodotto stime sbagliate. Uno studio del 2021 ha concluso che il loro lavoro dagli anni '90 al 2010 ha sovrastimato i costi previsti e ignorato i potenziali benefici politici, ed è stato spesso presentato da politici e lobbisti come indipendente piuttosto che sponsorizzato dall'industria dei combustibili fossili. Altri documenti pubblicati nello stesso periodo da economisti del MIT e del Wharton Econometric Forecasting Associates, anch'essi finanziati dall'industria dei combustibili fossili, hanno prodotto conclusioni simili.

Settore privato

Diverse grandi aziende dell'industria dei combustibili fossili finanziano in modo significativo i tentativi di ingannare l'opinione pubblica sull'attendibilità della scienza del clima. La ExxonMobil e le fondazioni della famiglia Koch sono state identificate come finanziatori particolarmente influenti del contrarianismo sul cambiamento climatico. La bancarotta dell'azienda carbonifera Cloud Peak Energy ha rivelato che essa ha finanziato l'Institute for Energy Research, un think tank che nega il clima, oltre a diversi altri influencer politici.

Dopo che l'IPCC ha pubblicato il suo rapporto del febbraio 2007, l'American Enterprise Institute ha offerto a scienziati britannici, americani e di altri Paesi 10.000 dollari più le spese di viaggio per pubblicare articoli critici nei confronti della valutazione. L'istituto aveva ricevuto più di 1,6 milioni di dollari dalla Exxon e il suo vicepresidente degli amministratori era l'ex capo della Exxon Lee Raymond. Raymond ha inviato lettere in cui sosteneva che il rapporto dell'IPCC non era "supportato dal lavoro analitico". Più di 20 dipendenti dell'AEI hanno lavorato come consulenti per l'amministrazione di George W. Bush. Nonostante la sua convinzione iniziale che la negazione del cambiamento climatico si sarebbe attenuata con il tempo, la senatrice Barbara Boxer ha detto che quando ha saputo dell'offerta dell'AEI, "ha capito che c'era un movimento dietro a questo che non si arrendeva".

La Royal Society ha condotto un'indagine da cui è emerso che la ExxonMobil ha dato 2,9 milioni di dollari a gruppi americani che "disinformavano il pubblico sui cambiamenti climatici", 39 dei quali "travisavano la scienza dei cambiamenti climatici negando apertamente le prove". Nel 2006, la Royal Society ha chiesto alla ExxonMobil di ritirare i finanziamenti per la negazione dei cambiamenti climatici. La lettera ha attirato critiche, in particolare da parte di Timothy Ball che ha sostenuto che la società ha tentato di "politicizzare il finanziamento privato della scienza e di censurare il dibattito scientifico".

La ExxonMobil ha negato di aver cercato di fuorviare il pubblico sul riscaldamento globale. Un portavoce, Gantt Walton, ha dichiarato che il finanziamento della ricerca da parte della ExxonMobil non significa che essa agisca per influenzare la ricerca e che la ExxonMobil sostiene l'adozione di misure per ridurre la produzione di gas serra. Ricerche condotte presso un archivio della Exxon all'Università del Texas e interviste giornalistiche a ex dipendenti indicano che l'opinione scientifica all'interno dell'azienda e la sua posizione pubblica nei confronti del cambiamento climatico erano contraddittorie.

Tra il 1989 e il 2002, la Coalizione Globale per il Clima, un gruppo di aziende prevalentemente statunitensi, ha utilizzato tattiche aggressive di lobbying e pubbliche relazioni per opporsi alle azioni di riduzione delle emissioni di gas serra e combattere il Protocollo di Kyoto. La coalizione è stata finanziata da grandi aziende e gruppi commerciali delle industrie del petrolio, del carbone e dell'auto. Il *New York Times ha* riportato che "anche se la coalizione ha lavorato per influenzare l'opinione pubblica [verso lo scetticismo], i suoi stessi esperti scientifici e tecnici stavano consigliando che la scienza che sostiene il ruolo dei gas serra nel riscaldamento globale non può essere confutata". Nel 2000, la Ford Motor Company è stata la prima azienda a lasciare la coalizione in seguito alle pressioni degli ambientalisti, seguita da Daimler-Chrysler, Texaco, Southern Company e General Motors, che hanno poi lasciato il GCC. L'organizzazione ha chiuso nel 2002.

Da gennaio 2009 a giugno 2010, le industrie del petrolio, del carbone e delle utility hanno speso 500 milioni di dollari in spese di lobby per opporsi alla legislazione che affronta il cambiamento climatico.

All'inizio del 2015, diversi media hanno riportato che Willie Soon, uno scienziato popolare tra i negazionisti del cambiamento climatico, non aveva rivelato i conflitti di interesse in almeno 11 articoli scientifici pubblicati dal 2008. I media hanno riferito che ha ricevuto un totale di 1,25 milioni di dollari da ExxonMobil, Southern Company, American Petroleum Institute e da una fondazione gestita dai fratelli Koch. Charles R. Alcock, direttore dell'Harvard-Smithsonian Center for Astrophysics, dove Soon lavorava, ha dichiarato che l'aver permesso ai finanziatori del lavoro di Soon di vietare la divulgazione delle fonti di finanziamento è stato un errore, che non sarà consentito nei futuri accordi di sovvenzione.

Lewandowsky riferisce che, ponendo quattro domande sul libero mercato, è in grado di prevedere con "il 67% di "fiducia" (cioè di varianza)" l'atteggiamento di un individuo nei confronti del cambiamento climatico.

Settore pubblico

Il Partito Repubblicano degli Stati Uniti è l'unico a negare il cambiamento climatico antropogenico tra i partiti politici conservatori del mondo occidentale. Nel 1994, secondo una nota trapelata, lo stratega repubblicano Frank Luntz consigliò ai membri del Partito Repubblicano, per quanto riguarda il cambiamento climatico, di "continuare a fare della mancanza di certezza scientifica una questione primaria" e di "sfidare la scienza" "reclutando esperti che siano solidali con il vostro punto di vista". (Nel 2006, Luntz ha dichiarato di essere ancora convinto che "nel '97 e nel '98 la scienza era incerta", ma ora è d'accordo con il consenso scientifico). Dal 2008 al 2017, il Partito Repubblicano è passato "dal discutere come combattere il cambiamento climatico causato dall'uomo a sostenere che non esiste", secondo il *New York Times*. Nel 2011, "più della metà dei repubblicani alla Camera e tre quarti dei senatori repubblicani" hanno affermato "che la minaccia del riscaldamento globale, in quanto fenomeno causato dall'uomo e altamente minaccioso, è nel migliore dei casi un'esagerazione e nel peggiore un'assoluta "bufala"", secondo quanto scrive Judith Warner sul *New York Times Magazine*. Secondo PolitiFact, nel maggio 2014, l'affermazione di Jerry Brown secondo cui "praticamente nessun repubblicano" a Washington accetta la scienza del cambiamento climatico, era "per lo più vera"; PolitiFact ha contato "otto su 278, o circa il 3%" dei membri repubblicani del Congresso che "accettano la conclusione scientifica prevalente che il riscaldamento globale è sia reale che causato dall'uomo".

Nel 2005, *il New York Times ha* riferito che Philip Cooney, ex lobbista dei combustibili fossili e "capo del team per il clima" presso l'American Petroleum Institute e capo dello staff del Council on Environmental Quality del presidente George W. Bush, aveva "ripetutamente modificato i rapporti governativi sul clima in modo da minimizzare i legami tra tali emissioni e il riscaldamento globale, secondo i documenti interni". Sharon Begley ha riportato su *Newsweek* che Cooney "ha modificato un rapporto del 2002 sulla scienza del clima cospargendolo di frasi come "mancanza di comprensione" e "notevole incertezza"". Cooney avrebbe rimosso un'intera sezione sul clima in un rapporto, al che un altro lobbista gli avrebbe inviato un fax dicendo: "Stai facendo un ottimo lavoro". Cooney ha annunciato le sue dimissioni due giorni dopo la diffusione della notizia della sua manomissione dei rapporti scientifici, ma pochi giorni dopo è stato annunciato che Cooney avrebbe assunto un incarico presso la ExxonMobil.

Il Segretario all'Energia degli Stati Uniti Rick Perry, in un'intervista rilasciata alla CNBC nel giugno 2017, ha riconosciuto l'esistenza del cambiamento climatico e l'impatto dell'uomo, ma ha affermato di non essere d'accordo con l'idea che l'anidride carbonica sia il motore principale del riscaldamento globale, indicando invece "le acque oceaniche e l'ambiente in cui viviamo". L'American Meteorological Society ha risposto in una lettera a Perry affermando che è "criticamente importante che lei capisca che le emissioni di anidride carbonica e di altri gas serra sono la causa principale", indicando le conclusioni degli scienziati di tutto il mondo.

Il repubblicano Jim Bridenstine, il primo politico eletto a ricoprire la carica di amministratore della NASA, aveva precedentemente affermato che le temperature globali non stavano aumentando. Un mese dopo la conferma da parte del Senato del suo incarico alla NASA, nell'aprile 2018, ha riconosciuto che le emissioni umane di gas serra stanno aumentando le temperature globali.

Sebbene il negazionismo climatico abbia iniziato a diminuire tra i vertici del Partito Repubblicano verso il riconoscimento che "il clima sta cambiando", uno studio del 2019 di diversi importanti think tank descrive la destra climatica come "frammentata e sottofinanziata".

Il riconoscimento del cambiamento climatico da parte dei politici, pur esprimendo incertezza su quanto il cambiamento climatico possa essere attribuito all'attività umana, è stato descritto come una nuova forma di negazione del clima e "uno strumento affidabile per manipolare la percezione pubblica del cambiamento climatico e bloccare l'azione politica".

Scuole

Secondo i documenti trapelati nel febbraio 2012, l'Heartland Institute sta sviluppando un curriculum da utilizzare nelle scuole che inquadra il cambiamento climatico come una controversia scientifica. Nel 2017 Glenn Branch, vicedirettore del National Center for Science Education (NCSE), ha scritto che "l'Heartland Institute sta continuando a infliggere la sua letteratura sulla negazione del cambiamento climatico agli insegnanti di scienze di tutto il Paese". Ha anche descritto la reazione di alcuni insegnanti di scienze agli invii di Heartland: "Fortunatamente, il mailing di Heartland continua a essere accolto con scetticismo e respinto con disprezzo". L'NCSE ha preparato delle risorse per le classi in risposta a Heartland e ad altre minacce antiscientifiche.

Branch ha anche fatto riferimento a un articolo di ClimateFeedback.org che recensisce un opuscolo di Heartland non richiesto, intitolato "Perché gli scienziati non sono d'accordo sul riscaldamento globale", inviato agli insegnanti di scienze negli Stati Uniti. L'intenzione era quella di inviarlo a "più di 200.000 insegnanti K-12". Ogni affermazione significativa è stata valutata per la sua accuratezza da scienziati esperti dell'argomento. Nel complesso, l'accuratezza dell'opuscolo è stata valutata con una "F": "La sezione "Risultati chiave" è scorretta, fuorviante, basata su una logica errata o semplicemente imprecisa nei fatti".

Effetto

L'incertezza artificiale sui cambiamenti climatici, la strategia fondamentale del negazionismo sui cambiamenti climatici, è stata molto efficace, soprattutto negli Stati Uniti. Ha contribuito ai bassi livelli di preoccupazione dell'opinione pubblica e all'inazione dei governi in tutto il mondo. Un sondaggio di Angus Reid pubblicato nel 2010 indica che lo scetticismo sul riscaldamento globale negli Stati Uniti, in Canada e nel Regno Unito è in aumento. Le cause di questa tendenza possono essere molteplici, tra cui l'attenzione alle questioni economiche piuttosto che a quelle ambientali e la percezione negativa delle Nazioni Unite e del loro ruolo nella discussione sui cambiamenti climatici.

Un'altra causa potrebbe essere la stanchezza dovuta alla sovraesposizione dell'argomento: alcuni sondaggi secondari suggeriscono che il pubblico potrebbe essere stato scoraggiato dall'estremismo quando si discute dell'argomento, mentre altri sondaggi mostrano che il 54% degli elettori statunitensi ritiene che "i media facciano apparire il riscaldamento globale peggiore di quanto sia in realtà". Un sondaggio del 2009 sulla questione se "alcuni scienziati hanno falsificato i dati della ricerca per sostenere le proprie teorie e convinzioni sul riscaldamento globale" ha mostrato che il 59% degli americani lo riteneva "almeno in qualche modo probabile", mentre il 35% lo riteneva "molto probabile".

Secondo Tim Wirth, "hanno preso a modello l'industria del tabacco. ... Entrambi hanno pensato di seminare abbastanza dubbi, definire la scienza incerta e in discussione. Questo ha avuto un enorme impatto sia sull'opinione pubblica che sul Congresso". Questo approccio è stato propagato dai media statunitensi, presentando un falso equilibrio tra scienza del clima e scettici del clima. Newsweek riporta che la maggior parte dell'Europa e del Giappone accetta il consenso scientifico sul cambiamento climatico, ma nel 2006 solo un terzo degli americani riteneva che l'attività umana giocasse un ruolo importante nel cambiamento climatico; il 64% riteneva che gli scienziati fossero "molto" in disaccordo. Un sondaggio di Newsweek del 2007 ha rilevato che questi numeri erano in calo, anche se la maggioranza degli americani continuava a ritenere che gli scienziati fossero incerti sul cambiamento climatico e sulle sue cause. Rush Holt ha scritto un articolo per Science, apparso su Newsweek:

Per più di due decenni gli scienziati hanno lanciato l'allarme sul fatto che il rilascio di gas a effetto serra, principalmente anidride carbonica (CO_2), sta probabilmente alterando il clima della Terra in modi che saranno costosi e persino mortali. Il pubblico americano ha sbadigliato e ha comprato auto più grandi. Le dichiarazioni dell'American Association for the Advancement of Science, dell'American Geophysical Union, dell'American Meteorological Society, dell'Intergovernmental Panel on Climate Change e di altri enti sottolinearono gli avvertimenti e chiesero nuove politiche governative per affrontare il cambiamento climatico. I politici, presentati con statistiche rumorose, hanno fatto spallucce, hanno detto che gli scienziati hanno troppi dubbi e non hanno fatto nulla.

I tentativi deliberati della Western Fuels Association "di confondere il pubblico" sono riusciti nel loro intento. Ciò è stato "esacerbato dal trattamento mediatico della questione climatica". Secondo un sondaggio Pew del 2012, il 57% dell'opinione pubblica statunitense non conosce, o rifiuta in toto, il consenso scientifico sul cambiamento climatico. Alcune organizzazioni che promuovono la negazione del cambiamento climatico hanno affermato che gli scienziati stanno sempre più rifiutando il cambiamento climatico, ma questa nozione è contraddetta da una ricerca che mostra che il 97% dei documenti pubblicati approva il consenso scientifico, e questa percentuale sta aumentando nel tempo.

Lo psicologo sociale Craig Foster paragona i negazionisti del cambiamento climatico ai sostenitori della Terra piatta e alla reazione a questi ultimi da parte della comunità scientifica. Foster afferma che "l'energia potenziale e cinetica dedicata a contrastare il movimento della terra piatta è sprecata e mal indirizzata... Non capisco perché ci si debba preoccupare del moscerino della terra piatta mentre si affronta il mammut del cambiamento climatico... La negazione del cambiamento climatico non richiede convinzione. Richiede solo negligenza".

Nel 2016, Aaron McCright ha sostenuto che l'antiambientalismo - e nello specifico la negazione del cambiamento climatico - si è espanso a tal punto negli Stati Uniti da diventare "un principio centrale dell'attuale identità conservatrice e repubblicana".

D'altra parte, le compagnie petrolifere globali hanno iniziato a riconoscere l'esistenza del cambiamento climatico e dei suoi rischi. Tuttavia, le aziende petrolifere più importanti spendono milioni di euro in attività di lobbying per ritardare, indebolire o bloccare le politiche volte ad affrontare il cambiamento climatico.

La negazione del cambiamento climatico sta influenzando anche il modo in cui la conoscenza scientifica viene comunicata al pubblico. Secondo lo scienziato del clima Michael E. Mann, "le università, le società e le organizzazioni scientifiche, gli editori, ecc. sono troppo spesso avversi al rischio quando si tratta di difendere e comunicare la scienza che viene percepita come minacciosa da interessi potenti".

La disinformazione su YouTube

Moderazione e contenuti offensivi

YouTube ha una serie di linee guida della comunità volte a ridurre l'abuso delle funzionalità del sito. Il caricamento di video contenenti diffamazione, pornografia e materiale che incoraggia comportamenti criminali è vietato dalle "Linee guida della comunità" di YouTube. Il materiale generalmente vietato comprende contenuti sessualmente espliciti, video di abusi su animali, video shock, contenuti caricati senza il consenso del titolare del copyright, discorsi di odio, spam e comportamenti predatori. YouTube si affida ai suoi utenti per segnalare i contenuti dei video come inappropriati, e un dipendente di YouTube visionerà un video segnalato per determinare se viola le linee guida del sito. Nonostante le linee guida, YouTube è stato criticato per alcuni aspetti delle sue operazioni, per i suoi algoritmi di raccomandazione che perpetuano video che promuovono teorie cospirative e falsità, per l'hosting di video apparentemente rivolti ai bambini ma contenenti contenuti violenti o sessualmente suggestivi che coinvolgono personaggi popolari, per i video di minori che attirano attività pedofile nelle loro sezioni di commento e per le politiche fluttuanti sui tipi di contenuti che possono essere monetizzati con la pubblicità.

YouTube commissiona alle aziende l'assunzione di moderatori di contenuti, che visualizzano i contenuti segnalati come potenzialmente in violazione delle norme sui contenuti di YouTube e determinano se devono essere rimossi. Nel settembre 2020, un'azione collettiva è stata intentata da un'ex moderatrice di contenuti che ha riferito di aver sviluppato un disturbo da stress post-traumatico (PTSD) dopo un periodo di 18 mesi di lavoro. L'ex moderatrice di contenuti ha dichiarato di essere stata costretta a superare regolarmente il limite dichiarato da YouTube di quattro ore al giorno di visione di contenuti grafici. L'azione legale sostiene che gli appaltatori di YouTube non hanno fornito alcuna formazione o supporto per la salute mentale dei moderatori, hanno fatto firmare ai potenziali dipendenti una NDA prima di mostrare loro esempi di contenuti che avrebbero visto durante la revisione e hanno censurato ogni riferimento al trauma dai forum interni. Il documento sostiene inoltre che le richieste di sfocare, ridurre le dimensioni o rendere monocromatici i contenuti estremamente grafici, secondo le raccomandazioni del National Center for Missing and Exploited Children, sono state rifiutate da YouTube in quanto non considerate una priorità per l'azienda.

Per limitare la diffusione della disinformazione e delle fake news attraverso YouTube, l'azienda ha presentato una politica completa su come intende affrontare i video tecnicamente manipolati.

Tra i contenuti controversi vi sono materiali relativi alla negazione dell'Olocausto e al disastro di Hillsborough, in cui 96 tifosi di calcio di Liverpool morirono schiacciati nel 1989. Nel luglio 2008, la Commissione Cultura e Media della Camera dei Comuni del Regno Unito ha dichiarato di non essere "impressionata" dal sistema di controllo di YouTube sui suoi video e ha sostenuto che "la revisione proattiva dei contenuti dovrebbe essere una pratica standard per i siti che ospitano contenuti generati dagli utenti". YouTube ha risposto affermando che:

Abbiamo regole rigorose su ciò che è consentito e un sistema che consente a chiunque veda contenuti inappropriati di segnalarli al nostro team di revisione 24 ore su 24 e 7 giorni su 7 e di risolverli tempestivamente. Istruiamo la nostra comunità sulle regole e includiamo un link diretto da ogni pagina di YouTube per rendere questo processo il più semplice possibile per i nostri utenti. Considerato il volume di contenuti caricati sul nostro sito, riteniamo che questo sia di gran lunga il modo più efficace per assicurarci che l'esigua minoranza di video che non rispettano le regole venga eliminata rapidamente. (Luglio 2008)

Nell'ottobre 2010, il deputato statunitense Anthony Weiner ha chiesto a YouTube di rimuovere dal suo sito web i video dell'imam Anwar al-Awlaki. Nel novembre 2010 YouTube ha ritirato alcuni video, affermando che violavano le linee guida del sito. Nel dicembre 2010, YouTube ha aggiunto la possibilità di segnalare i video che contengono contenuti terroristici.

Nel 2018, YouTube ha introdotto un sistema che aggiungeva automaticamente dei riquadri informativi ai video che, secondo i suoi algoritmi, potevano presentare teorie cospirative e altre fake news, riempiendo l'infobox con contenuti tratti dall'Encyclopædia Britannica e da Wikipedia come mezzo per informare gli utenti e ridurre al minimo la propagazione della disinformazione senza intaccare la libertà di parola. In seguito all'incendio di Notre-Dame de Paris del 15 aprile 2019, diversi video caricati dagli utenti sull'incendio sono stati segnalati automaticamente dal sistema di YouTube con un articolo dell'Encyclopædia Britannica sulle false teorie cospirative intorno agli attacchi dell'11 settembre. Diversi utenti si sono lamentati con YouTube per questo collegamento inappropriato. I funzionari di YouTube si sono scusati per l'accaduto, affermando che i loro algoritmi avevano identificato erroneamente i video dell'incendio e aggiunto automaticamente il blocco di informazioni, e che stavano prendendo provvedimenti per porvi rimedio.

Cinque importanti creatori di contenuti i cui canali erano basati su materiali LGBTQ+ hanno intentato una causa federale contro YouTube nell'agosto 2019, sostenendo che gli algoritmi di YouTube deviano le scoperte dai loro canali, incidendo sulle loro entrate. I querelanti sostengono che gli algoritmi scoraggiano i contenuti con parole come "lesbica" o "gay", che sarebbero predominanti nei contenuti dei loro canali, e a causa della quasi monopolizzazione di YouTube dei servizi video online, stanno abusando di questa posizione.

YouTube come strumento per promuovere teorie cospirative e contenuti di estrema destra

YouTube è stato criticato per l'utilizzo di un algoritmo che dà grande risalto ai video che promuovono teorie cospirative, falsità e discorsi incendiari di frangia. Secondo un'inchiesta del *Wall Street Journal*, "le raccomandazioni di YouTube spesso portano gli utenti verso canali che presentano teorie cospirative, punti di vista di parte e video fuorvianti, anche quando gli utenti non hanno mostrato interesse per tali contenuti. Quando gli utenti mostrano un pregiudizio politico in ciò che scelgono di vedere, YouTube raccomanda tipicamente video che fanno eco a tali pregiudizi, spesso con punti di vista più estremi". Quando gli utenti cercano termini politici o scientifici, gli algoritmi di ricerca di YouTube danno spesso risalto a bufale e teorie cospirative. Dopo che YouTube ha suscitato polemiche per aver dato la massima importanza ai video che promuovono falsità e cospirazioni quando le persone hanno effettuato ricerche su notizie dell'ultima ora durante la sparatoria di Las Vegas del 2017, YouTube ha modificato il suo algoritmo per dare maggiore risalto alle fonti dei media tradizionali. Nel 2018 è stato segnalato che YouTube stava nuovamente promuovendo contenuti marginali sulle notizie dell'ultima ora, dando grande risalto ai video di cospirazione sulla morte di Anthony Bourdain.

Nel 2017 è stato rivelato che le pubblicità venivano inserite in video estremisti, tra cui video di apologeti dello stupro, antisemiti e predicatori d'odio che ricevevano pagamenti per gli annunci. Dopo che le aziende hanno iniziato a smettere di fare pubblicità su YouTube in seguito a questa segnalazione, YouTube si è scusato e ha dichiarato che avrebbe dato alle aziende un maggiore controllo sulla collocazione degli annunci.

Alex Jones, noto per le teorie cospiratorie di destra, si era costruito un pubblico enorme su YouTube. YouTube ha attirato critiche nel 2018 quando ha rimosso un video di Media Matters che raccoglieva dichiarazioni offensive di Jones, affermando che violava le sue politiche su "molestie e bullismo". Il 6 agosto 2018, tuttavia, YouTube ha rimosso la pagina YouTube di Alex Jones in seguito a una violazione dei contenuti.

La professoressa Zeynep Tufekci dell'Università del North Carolina ha definito YouTube "il grande radicalizzatore", affermando che "YouTube potrebbe essere uno dei più potenti strumenti di radicalizzazione del XXI secolo". Jonathan Albright del Tow Center for Digital Journalism della Columbia University ha descritto YouTube come un "ecosistema di cospirazione".

Nel gennaio 2019, YouTube ha dichiarato di aver introdotto una nuova politica a partire dagli Stati Uniti, con l'obiettivo di non raccomandare più video contenenti "contenuti che potrebbero disinformare gli utenti in modo dannoso". YouTube ha citato come esempi le teorie della Terra piatta, le cure miracolose e il verismo sull'11 settembre. Gli sforzi all'interno dell'ingegneria di YouTube per smettere di raccomandare video estremisti al limite del proibito e tracciare la loro popolarità sono stati inizialmente respinti perché potevano interferire con il coinvolgimento degli spettatori. Alla fine del 2019, il sito ha iniziato a implementare misure volte ad "aumentare i contenuti autorevoli e ridurre i contenuti borderline e la disinformazione dannosa".

In uno studio del luglio 2019 basato su dieci ricerche su YouTube effettuate con il Tor Browser relative al clima e ai cambiamenti climatici, la maggior parte dei video era costituita da video che comunicavano opinioni contrarie al consenso scientifico sui cambiamenti climatici.

Un'indagine della BBC del 2019 sulle ricerche effettuate su YouTube in dieci lingue diverse ha rilevato che l'algoritmo di YouTube promuove la disinformazione sulla salute, comprese le false cure per il cancro. In Brasile, YouTube è stato collegato alla promozione di disinformazione pseudoscientifica in materia di salute, nonché all'elevazione di discorsi di frangia dell'estrema destra e di teorie cospirative.

Nelle Filippine, è stato dimostrato che numerosi canali come "Showbiz Fanaticz", "Robin Sweet Showbiz" e "PH BREAKING NEWS", ciascuno con almeno 100.000 abbonati, diffondono informazioni errate su personaggi politici in vista delle elezioni filippine del 2022.

Uso tra i suprematisti bianchi

Prima del 2019, YouTube ha preso provvedimenti per rimuovere video o canali specifici relativi a contenuti suprematisti che avevano violato le sue politiche di utilizzo accettabile, ma che altrimenti non avevano politiche a livello di sito contro l'incitamento all'odio.

Sulla scia degli attentati alla moschea di Christchurch del marzo 2019, YouTube e altri siti come Facebook e Twitter, che consentivano l'invio di contenuti da parte degli utenti, sono stati criticati per aver fatto poco per moderare e controllare la diffusione di discorsi d'odio, ritenuti un fattore alla base degli attacchi. Queste piattaforme sono state sollecitate a rimuovere tali contenuti, ma in un'intervista al *New York Times*, Neal Mohan, chief product officer di YouTube, ha dichiarato che, a differenza di contenuti come i video dell'ISIS, che hanno un formato particolare e sono quindi facili da individuare attraverso algoritmi computerizzati, i discorsi d'odio in generale sono più difficili da riconoscere e gestire, e quindi non si può intervenire prontamente per rimuoverli senza un'interazione umana.

Nel maggio 2019 YouTube ha aderito a un'iniziativa guidata da Francia e Nuova Zelanda insieme ad altri Paesi e aziende tecnologiche per sviluppare strumenti da utilizzare per bloccare i discorsi d'odio online e per elaborare regolamenti, da attuare a livello nazionale, da applicare alle aziende tecnologiche che non hanno adottato misure per rimuovere tali discorsi, sebbene gli Stati Uniti abbiano rifiutato di partecipare. Successivamente, il 5 giugno 2019, YouTube ha annunciato un'importante modifica ai suoi termini di servizio, "vietando specificamente i video che affermano la superiorità di un gruppo per giustificare la discriminazione, la segregazione o l'esclusione in base a qualità quali età, sesso, razza, casta, religione, orientamento sessuale o status di veterano". YouTube ha identificato come esempi specifici di tali video quelli che "promuovono o glorificano l'ideologia nazista, che è intrinsecamente discriminatoria". YouTube ha inoltre dichiarato che "rimuoverà i contenuti che negano che eventi violenti ben documentati, come l'Olocausto o la sparatoria alla Sandy Hook Elementary, abbiano avuto luogo".

Nel giugno 2020, YouTube ha bandito diversi canali associati alla supremazia bianca, tra cui quelli di Stefan Molyneux, David Duke e Richard B. Spencer, affermando che questi canali violavano le loro politiche sull'incitamento all'odio. Il divieto è avvenuto lo stesso giorno in cui Reddit ha annunciato il divieto di diversi subforum sull'odio, tra cui r/The_Donald.

Gestione della pandemia COVID-19 e di altre disinformazioni

In seguito alla diffusione su YouTube di informazioni errate relative alla pandemia COVID-19, secondo cui la tecnologia di comunicazione 5G sarebbe responsabile della diffusione della malattia del coronavirus 2019, che ha portato all'attacco di più torri 5G nel Regno Unito da parte di piromani, YouTube ha rimosso tutti i video che collegavano il 5G e il coronavirus in questo modo.

Nel settembre 2021 YouTube ha esteso questa politica ai video che diffondono disinformazione su qualsiasi vaccino, compresi quelli approvati da tempo contro il morbillo o l'epatite B, che abbiano ricevuto l'approvazione delle autorità sanitarie locali o dell'Organizzazione Mondiale della Sanità. La piattaforma ha rimosso gli account di attivisti anti-vaccini come Robert F. Kennedy Jr. e Joseph Mercola. Sono stati rimossi anche due account collegati a RT Deutsch, il canale tedesco della rete russa RT, per violazione delle politiche di YouTube.

Nell'ottobre 2021 Google e YouTube hanno implementato politiche per negare la monetizzazione o le entrate agli inserzionisti o ai creatori di contenuti che promuovono la negazione del cambiamento climatico, che "include contenuti che si riferiscono al cambiamento climatico come una bufala o una truffa, affermazioni che negano che le tendenze a lungo termine mostrano che il clima globale si sta riscaldando e affermazioni che negano che le emissioni di gas serra o l'attività umana contribuiscono al cambiamento climatico".

Disinformazione ed esitazione sul vaccino COVID-19

Gli attivisti anti-vaccinazione e altre persone in molti Paesi hanno diffuso una serie di teorie cospirative infondate e altre disinformazioni sui vaccini COVID-19 basate su scienza mal compresa o travisata, religione, affermazioni esagerate sugli effetti collaterali, una storia sulla diffusione del COVID-19 tramite 5G, travisamenti sul funzionamento del sistema immunitario e su come e quando vengono prodotti i vaccini COVID-19 e altre informazioni false o distorte. Questa disinformazione è proliferata e potrebbe aver reso molte persone contrarie alla vaccinazione. Ciò ha portato i governi e le organizzazioni private di tutto il mondo a introdurre misure per incentivare/coercire la vaccinazione, come lotterie, mandati e ingressi gratuiti a eventi, che a loro volta hanno portato a un'ulteriore disinformazione sulla legalità e sugli effetti di queste misure.

Disinformazione

In diverse parti del mondo si sono diffuse varie false teorie sui vaccini COVID-19.

COVID-19 e varianti correlate

Scetticismo COVID-19 prevalente

Prima del lancio del vaccino, molti cittadini hanno espresso scetticismo sul fatto che la COVID-19 fosse una malattia grave o che i loro Paesi avessero casi o un numero elevato di casi della malattia nel 2020 e 2021. Questo scetticismo precedente, spinto dal defunto presidente della Tanzania, John Pombe Magufuli, è considerato una delle ragioni principali dell'esitazione nei confronti del vaccino nel Paese. Magufuli ha dichiarato la Tanzania libera da COVID-19 a metà del 2020 e ha promosso rimedi a base di erbe, preghiere e inalazioni di vapore come rimedi per la COVID-19.

Variante Delta e vaccini

Quando la variante delta del COVID-19 ha iniziato a diffondersi a livello globale, le campagne di disinformazione si sono concentrate sull'idea che i vaccini COVID-19 avessero causato la variante delta, nonostante il fatto che i vaccini non possano replicare il virus. Un virologo francese ha anche affermato falsamente che gli anticorpi dei vaccini avevano creato e rafforzato le varianti COVID-19, attraverso una teoria precedentemente sfatata di potenziamento anticorpo-dipendente.

Una teoria correlata, sfatata, proveniente dall'India, sosteneva che i vaccini COVID-19 abbassavano la capacità delle persone di resistere alle nuove varianti invece di aumentare l'immunità.

Il sito web *Natural News ha* pubblicato un articolo nel luglio 2021 in cui si affermava che la direttrice dei CDC, Rochelle Walensky, aveva ammesso che i vaccini COVID-19 non proteggono dalla variante delta e che le persone vaccinate potrebbero essere superdiffusori a causa di una carica virale più elevata. In realtà, in un briefing con la stampa, Walensky ha affermato che le persone vaccinate e non vaccinate potrebbero avere cariche virali "similmente elevate" quando infettate dalla variante delta, ma non ha detto che le persone vaccinate hanno cariche virali più elevate o sono "super-diffusori". Ha inoltre affermato che il vaccino "continua a prevenire malattie gravi, ricoveri ospedalieri e decessi", anche contro la variante delta. Uno studio del luglio 2021 pubblicato sul *New England Journal of Medicine* ha riportato che il vaccino COVID-19 di Pfizer-BioNTech era efficace all'88% nella prevenzione delle infezioni sintomatiche causate dalla variante delta.

Criminalità organizzata

Vaccini falsi

Nel luglio 2021, la polizia indiana ha arrestato 14 persone per aver somministrato dosi di falso vaccino con acqua salata al posto del vaccino COVID-19 di Oxford-AstraZeneca in quasi una dozzina di siti di vaccinazione privati a Mumbai. Gli organizzatori, tra cui professionisti medici, facevano pagare tra i 10 e i 17 dollari per ogni dose e più di 2.600 persone hanno pagato per ricevere il vaccino.

Nel dicembre 2020, l'Interpol ha lanciato un allarme globale alle forze dell'ordine dei suoi Paesi membri, invitandole a tenere d'occhio le reti di criminalità organizzata che prendono di mira i vaccini COVID-19, sia fisicamente che online. Anche l'OMS ha lanciato un allarme nel marzo 2021, dopo che molti ministeri della salute e agenzie di regolamentazione avevano ricevuto offerte sospette per la fornitura di vaccini. L'OMS ha inoltre rilevato che alcune dosi di vaccino sono state offerte sul dark web a un prezzo compreso tra i 500 e i 750 dollari, ma non c'era modo di verificare la pipeline di distribuzione.

Carte di vaccinazione false

Negli Stati Uniti c'è stata un'ondata di individui che cercavano di acquistare tessere di vaccinazione false, alterare le cartelle cliniche per mostrare la vaccinazione o creare tessere di vaccinazione false da vendere. Alle Hawaii una vacanziera è stata arrestata dopo che si è scoperto che aveva una tessera di vaccinazione falsa, un medico californiano è stato arrestato per aver falsificato i registri di vaccinazione dei pazienti e tre agenti dello Stato del Vermont sono stati arrestati per aver contribuito a creare tessere false. Nell'agosto del 2021 gli agenti delle dogane e della prevenzione delle frontiere degli Stati Uniti hanno sequestrato 121 pacchi con più di 3.000 tessere di vaccinazione false che erano state spedite da Shenzhen per essere distribuite negli Stati Uniti.

Una ricerca di Check Point pubblicata nell'agosto del 2021 ha dimostrato che le carte di vaccinazione false venivano vendute tramite app di messaggistica a un prezzo compreso tra i 100 e i 120 dollari a carta. L'Interpol ha annunciato di aver riscontrato una correlazione diretta tra i Paesi che richiedono test COVID-19 negativi per l'ingresso nel Paese e l'aumento del numero di carte di vaccinazione false fornite.

Richieste di risarcimento mediche

Affermazioni di inefficacia

Sono state fatte affermazioni ricorrenti sull'efficacia dei vaccini COVID-19, basate su un'errata interpretazione dei dati statistici. Un errore frequente consisteva nel concludere sull'inefficacia (o sulla scarsa efficacia) dei vaccini dopo aver notato l'apparentemente alta proporzione di pazienti vaccinati tra i ricoveri e i decessi correlati alla COVID-19, senza tenere conto dell'alta proporzione di persone vaccinate tra la popolazione generale, commettendo così la fallacia del tasso di base; o senza tenere conto della tendenza delle persone a più alto rischio di sviluppare malattie gravi da COVID-19 a essere vaccinate in via prioritaria, ignorando così l'effetto Yule-Simpson.

Nel Regno Unito, un rapporto dello Scientific Pandemic Influenza Group on Modelling (SPI-M), pubblicato nel marzo 2021, prevedeva che il 60% dei ricoveri e il 70% dei decessi sarebbero avvenuti tra persone che avevano ricevuto due dosi di vaccino, nonostante quest'ultimo rimanesse altamente efficace. Il rapporto affermava che: "Questa (modellizzazione) *non è il* risultato di un'inefficacia dei vaccini, ma solo di un'adozione così elevata".

I vaccini a mRNA non sono vaccini

L'analista finanziario e imprenditore di auto-aiuto David Martin ha affermato che i vaccini a mRNA non corrispondono alle definizioni di vaccino dei Centri statunitensi per il controllo e la prevenzione delle malattie (CDC) o della Food and Drug Administration (FDA) perché non impediscono la trasmissione del SARS-CoV-2, il virus che provoca la COVID-19. Sebbene siano in corso ricerche per valutare l'effetto della vaccinazione sulla trasmissione del SARS-CoV 2, né il CDC né la FDA stabiliscono che i vaccini debbano bloccare la trasmissione di un virus, affermando entrambi che un vaccino è un prodotto che stimola il sistema immunitario a produrre immunità verso un agente infettivo.

Alterare il DNA umano

L'uso di vaccini a base di mRNA per il COVID-19 è stato alla base della disinformazione circolata sui social media, sostenendo erroneamente che l'uso di RNA altera in qualche modo il DNA di una persona. La teoria della cospirazione sull'alterazione del DNA è stata citata da un farmacista di un ospedale del Wisconsin che ha deliberatamente rimosso 57 fiale di vaccino dalla cella frigorifera nel dicembre 2020 ed è stato successivamente accusato di reato di messa in pericolo incauta e di danni penali alla proprietà dai procuratori della contea di Ozaukee.

L'mRNA nel citosol viene degradato molto rapidamente prima che abbia il tempo di entrare nel nucleo della cellula (i vaccini a base di mRNA devono essere conservati a temperature molto basse per evitare la degradazione dell'mRNA). I retrovirus possono essere costituiti da RNA a singolo filamento (così come il vaccino SARS-CoV-2 è un RNA a singolo filamento) che entra nel nucleo della cellula e utilizza la trascrittasi inversa per produrre DNA dall'RNA nel nucleo della cellula. Un retrovirus dispone di meccanismi per essere importato nel nucleo, mentre altri mRNA ne sono privi. Una volta all'interno del nucleo, la creazione di DNA dall'RNA non può avvenire senza un primer, che accompagna un retrovirus, ma che non esisterebbe per altri mRNA se collocati nel nucleo. Pertanto, i vaccini a base di mRNA non possono alterare il DNA perché non possono entrare nel nucleo e perché non hanno un primer per attivare la trascrittasi inversa. Per lo stesso motivo, i vaccini a base di mRNA non sono considerati forme di terapia genica.

Salute riproduttiva

In una petizione del dicembre 2020 all'Agenzia Europea per i Medicinali, il medico tedesco Wolfgang Wodarg e il ricercatore britannico Michael Yeadon hanno suggerito, senza prove, che i vaccini a mRNA potrebbero causare infertilità nelle donne prendendo di mira la proteina syncytin-1, necessaria per la formazione della placenta.Un sondaggio condotto tra le giovani donne del Regno Unito ha poi rivelato che più di un quarto rifiuterebbe i vaccini COVID-19 per timore dei loro effetti sulla fertilità.La sincitina-1 e la proteina spike della SARS-CoV-2 bersaglio dei vaccini sono in gran parte dissimili, condividendo una sequenza di soli quattro aminoacidi su diverse centinaia.David Gorski ha scritto su *Science-Based Medicine* che Wodarg e Yeadon stavano "fomentando una paura reale [...] basata su sciocchezze speculative".

La Centner Academy, una scuola privata di Miami, ha annunciato che non avrebbe assunto insegnanti che avessero ricevuto il vaccino COVID-19. Altri esercizi commerciali si sono rifiutati di servire i clienti vaccinati, adducendo il timore che le persone vaccinate potessero diffondere il virus.Altri esercizi commerciali si sono rifiutati di servire i clienti vaccinati, adducendo il timore che le persone vaccinate potessero diffondere il virus.Alcuni promotori di questa affermazione hanno raccomandato l'uso di maschere facciali e l'allontanamento sociale per proteggersi da coloro che sono stati vaccinati.La ginecologa e opinionista medica Jen Gunter ha dichiarato che nessuno dei vaccini attualmente approvati negli Stati Uniti "può influenzare una persona che non è stata vaccinata, e questo include le mestruazioni, la fertilità e la gravidanza".

Rischio di malattie

Paralisi di Bell

Alla fine del 2020, sui social media sono circolate affermazioni secondo cui il vaccino COVID-19 di Pfizer-BioNTech avrebbe causato la paralisi di Bell nei partecipanti alla sperimentazione. Diverse immagini pubblicate prima del 2020 accompagnavano questi post e venivano falsamente etichettate come quelle di questi partecipanti. Durante la sperimentazione, quattro dei 22.000 partecipanti allo studio hanno effettivamente sviluppato la paralisi di Bell. L'FDA ha osservato che "la frequenza di paralisi di Bell segnalata nel gruppo del vaccino è coerente con il tasso di fondo atteso nella popolazione generale".

È ancora in corso il dibattito sull'esistenza o meno di un legame causale tra i principali vaccini COVID-19 e la paralisi di Bell. Tuttavia, gli esperti concordano sul fatto che, anche se esiste un'associazione, questa si verifica estremamente raramente e l'effetto è piccolo (~10 casi su 100.000 contro 3-7 casi su 100.000 in un tipico anno pre-pandemico). La paralisi di Bell è di solito temporanea e si verifica in seguito a molti vaccini.

Coaguli di sangue

Alcuni video postati su Facebook e Instagram hanno affermato, senza alcuna prova, che il 62% delle persone a cui viene somministrato un vaccino a base di mRNA sviluppa coaguli di sangue e che il vaccino COVID-19 di Pfizer provoca la coagulazione del sangue "in un minuto o due".Alcuni studi hanno rilevato possibili legami causali tra i vaccini COVID-19 di AstraZeneca e Janssen e un raro disturbo della coagulazione noto come sindrome da trombosi con trombocitopenia (TTS), ma il rischio è basso per la maggior parte delle persone, con 47 segnalazioni confermate della condizione su oltre 15 milioni di destinatari del vaccino Janssen negli Stati Uniti a partire da ottobre 2021.Uno studio del 2021 pubblicato sul *British Medical Journal* ha suggerito che l'infezione da SARS-CoV-2 ha una probabilità circa 200 volte maggiore di causare coaguli di sangue nei pazienti rispetto al vaccino di AstraZeneca.

Cancro

Il sito web *Natural News* ha pubblicato affermazioni secondo cui i vaccini a base di mRNA per il COVID-19 possono causare il cancro inattivando le proteine che sopprimono i tumori. Questa affermazione si basa su un travisamento di uno studio del 2018 del Memorial Sloan Kettering Cancer Center (MSKCC), che non riguardava l'mRNA utilizzato nei vaccini. Lo studio ha rilevato che gli errori di trascrizione in alcune molecole di mRNA potrebbero interrompere la produzione di proteine soppressorie dei tumori. Tuttavia, l'mRNA utilizzato nei vaccini è prodotto artificialmente e non presenta alcun rischio di errori di trascrizione una volta realizzato.

Malattia da prioni

Un post su Facebook del 2021, ampiamente ripubblicato, in cui si affermava che i vaccini a base di mRNA contro il COVID-19 potevano causare malattie da prioni, si basava su un articolo di J. Bart Classen. L'articolo è stato pubblicato su *Microbiology and Infectious Diseases*, il cui editore, Scivision Publishers, è incluso nell'elenco di Beall degli editori di riviste predatorie. L'unica prova pubblicata da Classen a sostegno della sua affermazione è un breve riassunto di una "analisi non specificata del vaccino COVID-19 di Pfizer/BioNTech", secondo NewsGuard. Vincent Racaniello, professore di microbiologia e immunologia presso la Columbia University, ha definito l'affermazione "completamente sbagliata". I precedenti vaccini a base di mRNA sono stati testati sull'uomo e non sono risultati in grado di causare la malattia da prioni. L'mRNA contenuto nel vaccino si degrada entro pochi giorni dall'ingresso nelle cellule di una persona che lo riceve e non si accumula nel cervello. L'Associazione statunitense per l'Alzheimer ha dichiarato che i vaccini COVID-19 attualmente disponibili sono sicuri per le persone affette dalla malattia di Alzheimer e da altre forme di demenza.

Vaccino antipolio come portatore di COVID-19

I post sui social media in Camerun hanno spinto una teoria cospirativa secondo cui i vaccini antipolio contenevano il COVID-19, complicando ulteriormente l'eradicazione della polio al di là delle difficoltà logistiche e di finanziamento create dalla pandemia di COVID-19.

Potenziamento anticorpo-dipendente

Il potenziamento anticorpo-dipendente (ADE) è il fenomeno per cui una persona con anticorpi contro un virus (ad esempio, da un'infezione o da una vaccinazione) può sviluppare una malattia peggiore quando viene infettata da un secondo virus strettamente correlato, a causa di una reazione unica e rara con le proteine sulla superficie del secondo virus. L'ADE è stata osservata *in vitro* e negli studi sugli animali con molti virus diversi che non presentano ADE nell'uomo. I ricercatori riconoscono che "fondamentalmente, questa domanda dovrebbe essere posta a tutti i candidati vaccini in fase di sviluppo, nonostante la rarità del fenomeno".

Prima della pandemia, sono state osservate ADE in studi su animali di roditori da laboratorio con vaccini per il SARS-CoV, il virus che causa la sindrome respiratoria acuta grave (SARS). Tuttavia, a partire dal 27 gennaio 2022 non sono stati osservati casi di ADE con i vaccini per il COVID-19 in studi su primati non umani, in studi clinici sull'uomo o in seguito all'uso diffuso dei vaccini approvati. Le simulazioni molecolari indicano che l'ADE potrebbe avere un ruolo nei nuovi ceppi come il delta, ma non nei ceppi per i quali i vaccini sono stati originariamente progettati.Gli anticorpi anti-SARS-CoV-2 che favoriscono l'infezione riconoscono sia il ceppo originale Wuhan/D614G che le varianti delta. Un rischio potenziale per la vaccinazione di massa? Gli attivisti anti-vaccinazione hanno citato l'ADE come ragione per evitare la vaccinazione contro il COVID-19.

Sebbene non sia stata osservata alcuna ADE naturale nell'uomo, sono stati segnalati diversi casi di ADE causati da **Vaccine-Associated Disease Enhancement** (VADE) (comunemente chiamata anche Vaccine-Associated Enhanced Disease (VAED)) dal settembre 2021, dalla National Library of Medicine e dai National Institutes of Health degli Stati Uniti, che è una reazione avversa nota delle vaccinazioni che si manifesta come due immunopatologie distinte, ADE o VAH (ipersensibilità associata a vaccino). Nell'uomo è stata osservata una reazione avversa alle vaccinazioni COVID-19, che si manifesta sia come ADE che come VAH.

I vaccini contengono tessuto fetale abortito

Nel novembre 2020 sono circolate sul web affermazioni secondo cui il vaccino COVID-19 di Oxford-AstraZeneca conteneva tessuto proveniente da feti abortiti. Se è vero che le linee cellulari derivate da un feto abortito nel 1970 svolgono un ruolo nel processo di sviluppo del vaccino, le molecole per il vaccino sono separate dai detriti cellulari risultanti. Diversi altri candidati al vaccino COVID-19 utilizzano linee cellulari fetali derivate da feti abortiti tra il 1972 e il 1985. In questi vaccini non è presente alcun tessuto fetale.

Citotossicità della proteina Spike

Nel 2021, sui social media è circolata una disinformazione anti-vaccinazione secondo cui le proteine spike della SARS-CoV-2 erano "molto pericolose" e "citotossiche". A quel tempo, tutti i vaccini COVID-19 approvati per l'uso in emergenza contenevano mRNA o precursori di mRNA per la produzione della proteina spike. L'mRNA è costituito da istruzioni che, una volta elaborate nelle cellule, provocano la produzione di proteine spike, che innescano una risposta immunitaria adattativa in modo sicuro ed efficace.

I vaccini come causa di morte

Stati Uniti

Sono state fatte affermazioni secondo cui i dati del Vaccine Adverse Event Reporting System (VAERS) del Dipartimento della Salute e dei Servizi Umani degli Stati Uniti rivelano un numero nascosto di decessi correlati al vaccino COVID-19. Questa affermazione è stata smascherata da fonti anti-vaccino come una rappresentazione fuorviante. Il VAERS è noto per riportare e memorizzare eventi sanitari co-occorrenti senza alcuna prova di causalità, tra cui suicidi, incidenti meccanici (incidenti d'auto), morti naturali per malattie croniche, vecchiaia e altro. I siti web Medalerts.org del National Vaccine Information Center, un noto e importante centro anti-vaccini, e OpenVAERS.org sono stati collegati a questa disinformazione. Studi comparativi su VAERS, che esaminano i tassi di segnalazione relativi, hanno rilevato che i dati non supportano queste affermazioni.

Un rapporto sulla trasparenza di Facebook del 2021 ha rilevato che il link più condiviso negli Stati Uniti da gennaio a marzo è stato un articolo del *South Florida Sun-Sentinel* sulla morte di un medico due settimane dopo aver ricevuto il vaccino COVID-19. Il medico legale non ha in seguito trovato alcuna prova di un legame con il vaccino, ma l'articolo è stato promosso e distorto dai gruppi anti-vaccino per sollevare dubbi sulla sicurezza dei vaccini. Gli attivisti anti-vaccino Robert F. Kennedy Jr. e Del Bigtree hanno suggerito, senza alcuna prova, che la morte del membro della Hall of Fame del baseball Hank Aaron sia stata causata dal vaccino COVID-19. La morte di Aaron è stata riportata come dovuta a cause naturali e i funzionari medici non ritengono che il vaccino COVID-19 abbia avuto effetti negativi sulla sua salute.

Taiwan

Il canale di notizie New Tang Dynasty Television ha diffuso un travisamento dei dati di sorveglianza VAERS di Taiwan per suggerire che i vaccini COVID-19, compreso il vaccino Medigen sviluppato a Taiwan, hanno ucciso più persone del virus.

Altri paesi

Simili travisamenti di "morti dopo la vaccinazione" come "morti dovute alla vaccinazione" sono stati citati in vari Paesi, tra cui Italia, Austria, Corea del Sud, Germania, Spagna, Stati Uniti, Norvegia, Belgio e Perù. Questi casi sono stati smascherati come travisamento dei casi e dei dati.

Il vaccino contiene un agente tracciante

Nel novembre 2021, un corrispondente della Casa Bianca per l'outlet conservatore Newsmax ha falsamente twittato che il vaccino Moderna conteneva luciferasi "in modo da poter essere tracciato".

Inversione del vaccino e disintossicazione

Nel novembre 2021, sono emerse affermazioni errate secondo cui un "bagno disintossicante" a base di sale di Epsom, borace e argilla bentonitica può rimuovere gli effetti del vaccino. In realtà, una rapida revisione della letteratura dimostra che non esiste alcun meccanismo noto per rimuovere un vaccino da una persona vaccinata.

I vaccini EUA e quelli approvati sono "giuridicamente distinti".

Secondo le normative della FDA degli Stati Uniti, un prodotto approvato con un'autorizzazione all'uso di emergenza (EUA) è considerato "legalmente distinto" da un prodotto che ha ricevuto l'approvazione completa da parte della FDA. Oltre alle differenze nella denominazione e nell'etichettatura per tener conto dell'approvazione e alla maggiore supervisione della FDA sulla produzione, non ci sono differenze formali tra la versione EUA e quella approvata di un vaccino, e i due sono considerati intercambiabili una volta approvati. Ad esempio, il vaccino

Pfizer era etichettato come "Pfizer-BioNTech COVID-19 Vaccine" quando era sotto EUA, ma è stato assegnato il nome adottato dagli Stati Uniti "Comirnaty" al momento della sua approvazione.

Alcuni sostenitori anti-vaccini hanno avanzato richieste di risarcimento in merito a scenari in cui questa distinzione è presumibilmente applicabile; poiché le dosi prodotte prima dell'approvazione completa del vaccino Pfizer da parte della FDA potrebbero essere ancora in circolazione, è stato affermato che nessun vaccino approvato dalla FDA è "disponibile" negli Stati Uniti perché il Comirnaty, legalmente distinto, non era ancora distribuito. Questa affermazione è stata citata da un gruppo di legislatori repubblicani della Louisiana e in una causa intentata dal First Liberty Institute contro il mandato del vaccino COVID-19 attuato dall'esercito americano. In quest'ultimo caso, i querelanti hanno sostenuto che il mandato si applicava specificamente solo al Comirnaty e non al vaccino "sperimentale" COVID-19 della Pfizer-BioNTech.

Un'altra obiezione è che la versione approvata non gode della stessa protezione di responsabilità della versione prodotta in base a un EUA. In base al Public Readiness and Emergency Preparedness (PREP) Act, le persone hanno diritto a un indennizzo tramite il Countermeasures Injury Compensation Program (CICP) per esiti gravi o morte causati da contromisure COVID-19 come i vaccini. Questo vale in generale per tutti i vaccini COVID-19, compresi quelli non ancora approvati formalmente.

Affermazioni di carattere sociale

Affermazioni su un vaccino prima ancora che esista

Numerosi post sui social media hanno promosso una teoria della cospirazione sostenendo che nelle prime fasi della pandemia il virus era noto e che era già disponibile un vaccino. PolitiFact e FactCheck.org hanno osservato che a quel punto non esisteva alcun vaccino per il COVID-19. I brevetti citati da vari post sui social media fanno riferimento a brevetti esistenti per sequenze genetiche e vaccini per altri ceppi di coronavirus, come il coronavirus della SARS. L'OMS ha riferito che al 5 febbraio 2020, nonostante le notizie sulla scoperta di "farmaci rivoluzionari", non c'erano trattamenti di cui si conoscesse l'efficacia; tra questi, gli antibiotici e i rimedi erboristici non erano utili.

Nell'aprile 2020, un post ampiamente condiviso su Facebook affermava che sette bambini senegalesi erano morti perché avevano ricevuto il vaccino COVID-19. Non esisteva alcun vaccino di questo tipo, anche se alcuni erano in fase di sperimentazione clinica. Non esisteva alcun vaccino di questo tipo, anche se all'epoca erano in corso studi clinici.

Magnetizzazione

Alcuni hanno falsamente affermato che i vaccini COVID-19 causano la magnetizzazione delle persone, facendo sì che gli oggetti metallici si attacchino al loro corpo. Su piattaforme di social media come Instagram, Facebook, Twitter, YouTube e TikTok sono stati diffusi video di persone che mostrano magneti attaccati al sito di iniezione, sostenendo che la vaccinazione impianta un microchip nelle braccia delle persone. Chiamata dai repubblicani a testimoniare davanti a un'udienza del 2021 del Comitato per la salute della Camera dell'Ohio, l'attivista anti-vaccini Sherri Tenpenny ha promosso questa falsa affermazione, aggiungendo: "C'è chi da tempo sospetta che ci sia una sorta di interfaccia, ancora da definire, tra ciò che viene iniettato in queste iniezioni e tutte le torri 5G".

I chip compatibili con il 5G sono circa 13 volte troppo grandi per passare attraverso gli aghi utilizzati per somministrare i vaccini COVID-19, il cui diametro interno è compreso tra 0,26 e 0,41 millimetri.La maggior parte dei microchip non contiene componenti ferromagnetici, essendo fatti principalmente di silicio.È possibile che oggetti lisci come i magneti si attacchino alla pelle se la pelle è leggermente grassa.Nessun vaccino COVID-19 autorizzato per l'uso negli Stati Uniti o in Europa contiene ingredienti magnetici o metallici o microchip. I vaccini contengono invece proteine, lipidi, acqua, sali e tamponi di pH.

Aghi che scompaiono

Utenti di Twitter e YouTube hanno fatto circolare video che mostrano che le iniezioni di vaccino praticate agli operatori sanitari sono state inscenate per la stampa utilizzando siringhe con "aghi che scompaiono". Le siringhe utilizzate erano in realtà siringhe di sicurezza, che ritraggono automaticamente l'ago una volta iniettato il vaccino per ridurre le ferite accidentali da aghi di infermieri e operatori di laboratorio.

Divisioni politiche e sfiducia nel governo

I discorsi contro i vaccini COVID sono diventati parte delle credenze di QAnon, in quanto gli aderenti hanno usato la pandemia per promuovere la teoria del complotto. Nel 2021, Romana Didulo, una teorica del complotto canadese affiliata a QAnon che si autodefinisce "Regina del Canada", ha spinto i suoi seguaci online a tormentare le aziende e le autorità pubbliche canadesi chiedendo loro di interrompere tutte le misure relative alla lotta contro la pandemia. È stata arrestata a fine novembre dopo aver invitato i suoi 73.000 follower su Telegram a "sparare per uccidere" tutti gli operatori sanitari che somministravano i vaccini COVID-19.

Anche i gruppi antigovernativi, come i cittadini sovrani e i liberi cittadini della terra, hanno preso parte al movimento anti-vaccini.

Durante le serrate in Bulgaria, molti quartieri rom hanno affermato di essere stati sottoposti a serrate senza adeguate spiegazioni, anche se il livello di infezioni in altre parti del Paese era superiore a quello dei loro quartieri. Le comunità, che già nutrivano sfiducia nei confronti delle istituzioni e del governo, hanno contribuito a creare un rapporto ancora più teso e una mancanza di fiducia.

In Francia, Florian Philippot e Nicolas Dupont-Aignan, candidati della destra alle elezioni presidenziali del 2022, hanno entrambi espresso dubbi sull'efficacia e la sicurezza del vaccino.

Esitazione al vaccino

Hong Kong

A Hong Kong, il minor rischio percepito di contrarre la COVID-19 quando era sotto controllo, la disinformazione sugli effetti collaterali e sull'efficacia dei vaccini, nonché gli eventi politici e la sfiducia nel governo della RAS hanno contribuito a un basso tasso di vaccinazione. In una certa misura, una simile compiacenza si è verificata anche a Taiwan, Macao e nella Cina continentale. Molti abitanti di Hongkong ritengono che il governo stia spingendo attivamente il vaccino SinoVac, nonostante la sua minore efficacia rispetto a BioNTech e AstraZeneca. I residenti più anziani potrebbero ritenere che il vaccino BioNTech comporti gravi effetti collaterali. I funzionari hanno anche dichiarato che le persone con "gravi malattie croniche non controllate" non dovrebbero ricevere il vaccino SinoVac e hanno esortato coloro che non erano sicuri a consultare prima il proprio medico. Si sono diffuse anche teorie cospiratorie sul governo a causa di un problema di confezionamento del vaccino BioNTech. Lo scetticismo nei confronti della medicina occidentale e preventiva ha contribuito ulteriormente all'esitazione.

Verso la fine di maggio 2021, circa il 19% degli abitanti di Hongkong aveva ricevuto la prima dose e il 13,8% la seconda. Al 1° gennaio 2022, il 62% della popolazione era completamente vaccinato, ma al 7 febbraio solo il 33% delle persone di 80 anni o più aveva ricevuto una dose. Mentre le sottovarianti di Omicron si diffondevano in città, uno studio ha dimostrato che il 15% delle persone di 80 anni o più che non erano state immunizzate affatto sono morte dopo aver contratto la malattia, rispetto al 3% di coloro che hanno ricevuto due vaccinazioni SinoVac e all'1,5% di coloro che hanno ricevuto due dosi BioNTech.

Stati Uniti

Negli Stati Uniti, l'esitazione nei confronti del vaccino COVID-19 varia in larga misura a seconda della regione; tuttavia, indipendentemente dalla regione, i professionisti del settore medico si vaccinano a tassi più elevati rispetto al pubblico in generale. Secondo le stime di due sondaggi, il 67% o l'80% delle persone negli Stati Uniti accetterebbe una nuova vaccinazione contro il COVID19-, con ampie disparità in base al livello di istruzione, alla condizione lavorativa, all'etnia e alla geografia. Uno studio statunitense condotto nel gennaio 2021 ha rilevato che la fiducia nella scienza e negli scienziati era fortemente correlata alla probabilità di vaccinarsi contro il COVID-19 tra coloro che non si erano già vaccinati. Nel marzo 2021, il 19% degli adulti statunitensi ha dichiarato di essere stato vaccinato, mentre il 50% ha annunciato l'intenzione di vaccinarsi.

Negli Stati Uniti, l'esitazione nei confronti del vaccino può essere riscontrata in alcuni gruppi sociali a causa della mancanza di fonti mediche affidabili, di esperienze traumatiche passate con le cure mediche e di teorie diffuse. La diffidenza può essere riscontrata nella popolazione afroamericana, dove molti vedono nella storia degli Stati Uniti l'utilizzo degli afroamericani come esperimenti, come gli esperimenti di Tuskegee e il lavoro di J. Marion Sims, come base per rifiutare il vaccino.

Secondo il *New York Times*, nell'agosto 2021 solo il 28% dei newyorkesi neri di età compresa tra i 18 e i 44 anni era completamente vaccinato, rispetto al 48% dei residenti latini e al 52% dei residenti bianchi in quella fascia di età. Gli intervistati hanno citato la sfiducia nel governo, le esperienze personali di razzismo medico e le sperimentazioni mediche storiche sui neri, come lo studio sulla sifilide di Tuskegee, come ragioni della loro riluttanza a vaccinarsi. Una professoressa dell'Università di Varsavia, in Polonia, ha affermato che la sua ricerca ha rilevato che la sfiducia nei confronti dei medici è più alta nelle nazioni che in passato hanno sperimentato il comunismo di tipo sovietico e che l'esitazione nei confronti dei vaccini potrebbe essere riscontrata se i Paesi introducessero norme di vaccinazione obbligatoria. La sfiducia nei confronti dei medici si riscontra anche in Russia, dove una persona ha descritto la mancanza di comprensione del vaccino e ha affermato che se ci fossero state più statistiche e ricerche sullo Sputnik V e su altri vaccini di produzione russa sarebbe stata più "fedele". Ha inoltre affermato che c'è diffidenza anche per la mancanza di informazioni mediche coerenti sul vaccino provenienti da molte fonti, comprese le autorità della regione.

Contromisure

Il COVID-19 passa

Alcuni Paesi stanno utilizzando sistemi di tracciamento delle vaccinazioni, app o passaporti etichettati come lasciapassare per consentire agli individui determinate libertà. In Francia, dopo l'approvazione di una nuova legge nel luglio 2021, ogni adulto deve presentare un "pass sanitaire" prima di entrare in luoghi specifici come ristoranti, caffè, musei e stadi sportivi. L'Italia ha registrato un aumento del 40% nel numero di persone che hanno ricevuto la prima dose di vaccino dopo un decreto governativo del settembre 2021 che richiede un pass sanitario per tutti i lavoratori del settore pubblico o privato a partire dall'ottobre 2021. Pass simili sono stati introdotti in Paesi come la Slovenia e la Grecia. La Lituania ha introdotto certificati di vaccinazione che i cittadini a partire dai 12 anni devono esibire per accedere alla maggior parte degli spazi pubblici al chiuso.

Incoraggiamento da parte di personaggi pubblici e celebrità

Molti personaggi pubblici e celebrità hanno dichiarato pubblicamente di essersi vaccinati contro il COVID19 -e hanno incoraggiato le persone a vaccinarsi. Molti hanno realizzato registrazioni video o documentato in altro modo la loro vaccinazione. Lo -fanno in parte per contrastare l'esitazione nei confronti del vaccino e le -teorie cospirative sul vaccino -COVID19-.

Politici

Molti capi di Stato e ministri di governo, attuali e passati, hanno pubblicato fotografie delle loro vaccinazioni, incoraggiando altri a vaccinarsi, tra cui Kyriakos Mitsotakis, Zdravko Marić, Olivier Véran, Mike Pence, Joe Biden, Barack Obama, George W. Bush, Bill Clinton, il Dalai Lama, Narendra Modi, Justin Trudeau, Alexandria Ocasio-Cortez, Nancy Pelosi e Kamala Harris.

Elisabetta II e il Principe Filippo hanno annunciato di aver fatto il vaccino, rompendo il protocollo di mantenere privata la salute della famiglia reale britannica. Papa Francesco e il Papa emerito Benedetto hanno entrambi annunciato di essersi vaccinati. In uno speciale televisivo il presidente Vladimir Putin ha dichiarato agli ascoltatori di aver ricevuto il vaccino Sputnik V e ha sottolineato che tutti i vaccini sono sicuri.

Personalità dei media

Dolly Parton ha registrato se stessa mentre si vaccinava con il vaccino Moderna che ha contribuito a finanziare, ha incoraggiato le persone a vaccinarsi e ha creato una nuova versione della sua canzone "Jolene" intitolata "Vaccine". Molti altri musicisti, come Patti Smith, Yo-Yo Ma, Carole King, Tony Bennett, Mavis Staples, Brian Wilson, Joel Grey, Loretta Lynn, Willie Nelson e Paul Stanley, hanno pubblicato fotografie che li ritraggono mentre si vaccinano e incoraggiano altri a farlo. Grey ha dichiarato: "Ho fatto il vaccino perché voglio essere al sicuro. Abbiamo perso così tante persone a causa del COVID. Ho perso alcuni amici. È straziante. Spaventoso".

Molti attori tra cui Amy Schumer, Rosario Dawson, Arsenio Hall, Danny Trejo, Mandy Patinkin, Samuel L. Jackson, Arnold Schwarzenegger, Sharon Stone, Kate Mulgrew, Jeff Goldblum, Jane Fonda, Anthony Hopkins, Bette Midler, Kim Cattrall, Isabella Rossellini, Christie Brinkley, Cameran Eubanks, Hugh Bonneville, Alan Alda, David Harbour, Sean Penn, Amanda Kloots, Ian McKellen e Patrick Stewart hanno pubblicato fotografie di loro stessi che si vaccinano e incoraggiano gli altri a fare lo stesso. Dame Judi Dench e Joan Collins hanno annunciato di essersi vaccinate.

Altri personaggi televisivi come Martha Stewart, Jonathan Van Ness, Al Roker e Dan Rather hanno pubblicato fotografie di se stessi mentre si vaccinavano e hanno incoraggiato gli altri a fare lo stesso. Anche Stephen Fry ha condiviso una foto di quando si è vaccinato; ha scritto: "È un momento meraviglioso, ma senti che non è solo utile per la tua salute, ma sai che è probabile che tu sia meno contagioso se ti capita di portarlo... È un simbolo di appartenenza alla società, al gruppo che vuole proteggersi a vicenda e che vuole che questa cosa finisca". Sir David Attenborough ha annunciato di essersi vaccinato. Il personaggio televisivo olandese Beau van Erven Dorens si è vaccinato in diretta TV nel suo talk show notturno il 3 giugno 2021.

Atleti

Magic Johnson e Kareem Abdul-Jabbar si sono fatti vaccinare e hanno incoraggiato gli altri a fare lo stesso; Abdul-Jabbar ha detto: "Dobbiamo trovare nuovi modi per tenerci al sicuro a vicenda".

Comunità specifiche

Romesh Ranganathan, Meera Syal, Adil Ray, Sadiq Khan e altri hanno prodotto un video che incoraggia specificamente le comunità delle minoranze etniche nel Regno Unito a vaccinarsi, affrontando anche le teorie cospirative, affermando che "non ci sono prove scientifiche che suggeriscano che funzionerà in modo diverso sulle persone appartenenti a minoranze etniche e che non include carne di maiale o qualsiasi materiale di origine fetale o animale".

Oprah Winfrey e Whoopi Goldberg hanno parlato della vaccinazione e hanno incoraggiato altri neri americani a farlo. Stephanie Elam si è offerta come volontaria per la sperimentazione affermando che "gran parte del motivo per cui ho voluto offrirmi volontaria per questa -ricerca sul vaccino COVID19 -è che più persone di colore e più persone di colore devono partecipare a queste sperimentazioni, in modo che più popolazioni diverse possano trarre i benefici di questa ricerca medica".

Esperienze di persone esitanti precedenti e di altri individui

Nel 2021 sono apparsi molti articoli di cronaca, interviste televisive e post sui social media per sottolineare la rabbia di persone i cui figli o familiari immunocompromessi hanno contratto la COVID-19 o sono stati colpiti dall'esitazione vaccinale, oppure di coloro che hanno esitato a vaccinarsi e sono poi risultati positivi. Il Chief Medical Officer inglese, Prof. Chris Whitty, ha twittato nel settembre 2021 che "La maggior parte dei nostri pazienti ricoverati con Covid non sono vaccinati e si pentono di aver ritardato i loro vaccini", con circa il 60% di tutti i ricoveri dovuti a COVID-19 nel Regno Unito che sono stati effettuati da persone non vaccinate. Mentre alcuni casi hanno permesso di aprire più discussioni sul vaccino e sugli effetti della malattia, alcuni hanno ancora esitazioni sul processo di vaccinazione, altri hanno espresso il loro rammarico per non aver insistito sul vaccino o la loro determinazione a vaccinarsi.

Chiusure mirate e multe

Alla fine del 2021, sia l'Austria che la Germania hanno annunciato l'introduzione di misure di blocco per i soli cittadini non vaccinati. In Grecia, coloro che si rifiutano di vaccinarsi e hanno più di 60 anni saranno multati di 100 euro al mese, i cui pagamenti saranno destinati a un fondo per i servizi ospedalieri. A Singapore, tutti i cittadini che hanno scelto di non vaccinarsi devono pagare interamente le spese mediche se risultano positivi al test e ricevono cure ospedaliere, mentre in Ucraina tutti gli insegnanti e i funzionari governativi non vaccinati sono stati messi in congedo non retribuito e i ristoranti, i centri commerciali e i centri fitness devono avere il 100% dei dipendenti vaccinati per poter operare.

Lotterie e benefici dei vaccini

Nel 2021 il Cremlino ha annunciato il sostegno a una lotteria che avrebbe dato a 1.000 persone vaccinate l'equivalente di 1.350 dollari. Il sindaco di Mosca ha anche annunciato che la città avrebbe regalato cinque auto ogni settimana ai residenti vaccinati. Negli Stati Uniti, molti stati come l'Alaska, la Pennsylvania e l'Ohio, insieme a città e università, hanno offerto borse di studio, denaro e oggetti fisici nelle lotterie. Questi vantaggi hanno avuto un successo variabile nell'aumentare il numero di vaccinazioni. Nel luglio 2021, il governo polacco ha lanciato la Lotteria del Programma Nazionale di Vaccinazione per incoraggiare le vaccinazioni contro la COVID-19. La lotteria era aperta alle persone di età pari o superiore ai 18 anni che avevano completato il programma di vaccinazione contro il COVID-19 e si erano registrate alla lotteria entro il 30 settembre 2020. L'estrazione finale si è svolta il 6 ottobre 2021 e prevedeva due premi in denaro di 1 milione di zloty (264.000 dollari) e due automobili Toyota C-HR.

La First Capital Bank, con sede in Malawi, ha rilasciato una dichiarazione in cui afferma che darà i bonus annuali di rendimento solo ai dipendenti vaccinati.

Mandati vaccinali

In Francia, dal settembre 2021, tutti gli operatori sanitari devono aver ricevuto almeno una dose di vaccino per poter continuare a lavorare, con eventuali resistenze sospese senza stipendio. Altri gruppi di lavoratori a cui è stato imposto il vaccino all'inizio dell'anno sono i militari e i vigili del fuoco. Nel novembre 2021, l'Austria ha annunciato l'introduzione di un mandato di vaccinazione a livello nazionale.

Negli Stati Uniti molte aziende, scuole e università, fornitori di servizi sanitari e dipartimenti governativi e statali hanno emanato mandati per i vaccini. Sebbene molti di questi mandati permettano a una persona di non partecipare per motivi medici o religiosi e di sottoporsi regolarmente ai test, il mandato federale firmato nel settembre 2021 non prevedeva questa opzione. Inoltre, alcuni dei mandati si concentrano solo su gruppi specifici, come la Rutgers University, che ha imposto il vaccino solo agli studenti e ai dipendenti del settore sanitario e della pubblica sicurezza. I mandati sono stati oggetto di resistenze: un giudice di New York ne ha temporaneamente bloccato uno per gli operatori sanitari che sostenevano di non potervi rinunciare per motivi religiosi, e il procuratore generale dell'Arizona Mark Brnovich ha citato in giudizio l'amministrazione Biden per il suo mandato vaccinale per i dipendenti federali e per le aziende private con più di 100 dipendenti. Ulteriori spinte contro i mandati vaccinali sono state registrate a livello locale, con almeno un dipartimento di sceriffi in California che ha annunciato di non voler applicare alcun mandato vaccinale come "ultima linea di difesa da un governo tirannico", mentre altri hanno visto dimissioni di massa.

Notizie false

Le fake news sono informazioni false o fuorvianti presentate come notizie. Le fake news hanno spesso lo scopo di danneggiare la reputazione di una persona o di un'entità, o di guadagnare denaro attraverso gli introiti pubblicitari. Sebbene le notizie false siano sempre state diffuse nel corso della storia, il termine "fake news" è stato usato per la prima volta nel 1890, quando le notizie sensazionali sui giornali erano comuni. Tuttavia, il termine non ha una definizione fissa ed è stato applicato in modo ampio a qualsiasi tipo di informazione falsa. È stato usato anche da persone di alto profilo per indicare qualsiasi notizia a loro sfavorevole. Inoltre, la disinformazione implica la diffusione di informazioni false con intento dannoso e talvolta è generata e propagata da attori stranieri ostili, in particolare durante le elezioni. In alcune definizioni, le fake news includono articoli satirici interpretati erroneamente come autentici e articoli che utilizzano titoli sensazionalistici o clickbait non supportati dal testo. A causa di questa diversità di tipi di notizie false, i ricercatori stanno iniziando a preferire il **disordine informativo** come termine più neutro e informativo.

La diffusione delle fake news è aumentata con la recente ascesa dei social media, in particolare del News Feed di Facebook, e questa disinformazione sta gradualmente penetrando nei media tradizionali. Diversi fattori sono stati chiamati in causa nella diffusione delle fake news, come la polarizzazione politica, la politica della post-verità, il ragionamento motivato, il pregiudizio di conferma e gli algoritmi dei social media.

Le fake news possono ridurre l'impatto delle notizie reali entrando in competizione con esse. Ad esempio, un'analisi di BuzzFeed ha rilevato che le principali fake news sulle elezioni presidenziali statunitensi del 2016 hanno ricevuto più engagement su Facebook rispetto alle principali storie dei media. Le fake news hanno anche il potenziale di minare la fiducia in una copertura mediatica seria. Il termine è stato talvolta utilizzato per mettere in dubbio le notizie credibili e l'ex presidente degli Stati Uniti Donald Trump è stato accreditato per aver reso popolare il termine, utilizzandolo per descrivere qualsiasi copertura negativa della stampa nei suoi confronti. Il termine è stato sempre più criticato, anche a causa dell'uso improprio che ne ha fatto Trump, e il governo britannico ha deciso di evitarlo, in quanto "poco definito" e "confonde una varietà di informazioni false, dall'errore genuino all'interferenza straniera".

Attualmente si stanno studiando diverse strategie per combattere le fake news, per vari tipi di notizie false. I politici di alcuni Paesi autocratici e democratici hanno chiesto un'efficace autoregolamentazione e una regolamentazione, in forme diverse, dei social media e dei motori di ricerca web.

Su scala individuale, la capacità di confrontarsi attivamente con le false narrazioni e di fare attenzione quando si condividono le informazioni può ridurre la prevalenza di informazioni falsificate; tuttavia, è stato notato che ciò è vulnerabile agli effetti del bias di conferma, del ragionamento motivato e di altri pregiudizi cognitivi che possono distorcere seriamente il ragionamento, in particolare nelle società disfunzionali e polarizzate. La teoria dell'inoculazione è stata proposta come metodo per rendere gli individui resistenti alle narrazioni indesiderate.

Definire le fake news

Le fake news sono informazioni false o fuorvianti presentate come notizie. Il termine è un neologismo (un'espressione nuova o riproposta che sta entrando nel linguaggio, guidata da cambiamenti culturali o tecnologici). Le fake news, o i siti web di fake news, non hanno alcuna base di fatto, ma vengono presentate come se fossero accurate. Le fake news sono anche chiamate junk news, pseudo-news, alternative facts, false news, hoax news e bullshit.

Il National Endowment for Democracy ha definito le fake news come: "[Contenuti fuorvianti che si trovano su internet, soprattutto sui social media [...] Molti di questi contenuti sono prodotti da siti web a scopo di lucro e da pagine di Facebook che sfruttano la piattaforma per ottenere introiti pubblicitari". E li ha distinti dalla disinformazione: Le "fake news" non rientrano nella definizione di disinformazione o propaganda. Le sue motivazioni sono solitamente finanziarie, non politiche, e di solito non sono legate a un'agenda più ampia".

Lo studioso di media Nolan Higdon ha definito le fake news come "contenuti falsi o fuorvianti presentati come notizie e comunicati in formati che spaziano dalla comunicazione orale, scritta, stampata, elettronica e digitale". Higdon ha sostenuto che la definizione di fake news è stata applicata in modo troppo ristretto a determinati mezzi di comunicazione e ideologie politiche. Le fake news si riferiscono anche a storie inventate che hanno pochi o nessun fatto verificabile. In modo ancora più ampio, alcune persone, in particolare l'ex presidente degli Stati Uniti Donald Trump, hanno ampliato il significato di "fake news" per includere tutte le notizie negative sulle loro convinzioni e azioni personali.

Michael Radutzky, produttore di *60 Minutes* della CBS, ha dichiarato che per il suo programma le fake news sono "storie probabilmente false, che hanno un'enorme trazione [appeal popolare] nella cultura e sono consumate da milioni di persone". Queste storie non si trovano solo in politica, ma anche in settori come le vaccinazioni, i valori azionari e l'alimentazione. Non ha incluso tra le fake news quelle "invocate dai politici contro i media per storie che non gli piacciono o per commenti che non gli piacciono". Guy Campanile, anch'egli produttore di *60 Minutes, ha* dichiarato: "Stiamo parlando di storie inventate di sana pianta. Secondo la maggior parte delle misure, deliberatamente, e secondo qualsiasi definizione, si tratta di una menzogna".

L'intento e lo scopo delle fake news sono importanti. In alcuni casi, quelle che appaiono come fake news possono essere notizie di satira, che utilizzano l'esagerazione e introducono elementi non reali con l'obiettivo di divertire o di far capire qualcosa, piuttosto che di ingannare. Anche la propaganda può essere una fake news. Alcuni ricercatori hanno sottolineato che le "fake news" possono distinguersi non solo per la falsità del loro contenuto, ma anche per il "carattere della [loro] circolazione e ricezione online".

Nel contesto degli Stati Uniti d'America e dei suoi processi elettorali negli anni 2010, le fake news hanno generato notevoli polemiche e discussioni, con alcuni commentatori che hanno definito la preoccupazione per queste notizie come panico morale o isteria di massa e altri che si sono preoccupati dei danni arrecati alla fiducia del pubblico. In particolare, esse hanno il potenziale di minare la fiducia in una copertura mediatica seria in generale. Il termine è stato usato anche per mettere in dubbio la credibilità dei media tradizionali.

Nel gennaio 2017, la Camera dei Comuni del Regno Unito ha avviato un'inchiesta parlamentare sul "crescente fenomeno delle fake news".

Nel 2016, Politifact ha scelto le fake news come menzogna dell'anno. Nell'anno delle elezioni statunitensi, vinte dal presidente Donald Trump, se ne sono viste talmente tante che non è emersa una singola menzogna, per cui è stato scelto il termine generico. Sempre nel 2016, Oxford Dictionaries ha scelto la parola post-verità come parola dell'anno e l'ha definita come lo stato delle cose in cui "i fatti oggettivi sono meno influenti nel formare l'opinione pubblica rispetto agli appelli alle emozioni e alle convinzioni personali". Le fake news sono il segno più evidente della società della post-verità. Quando non riusciamo ad essere d'accordo sui fatti fondamentali - o addirittura sul fatto che esistano dei fatti - come facciamo a parlare tra di noi?

Radici

Il termine "fake news" ha acquisito importanza nel contesto elettorale dell'Europa occidentale e del Nord America. È determinato dal contenuto fraudolento del formato delle notizie e dalla sua velocità. Secondo Bounegru, Gray, Venturini e Mauri, si parla di fake news quando una menzogna deliberata "viene ripresa da decine di altri blog, ritrasmessa da centinaia di siti web, postata su migliaia di account di social media e letta da centinaia di migliaia di persone", diventando di fatto una "fake news".

La natura evolutiva dei modelli di business online incoraggia la produzione di informazioni "degne di clic" e indipendenti dalla loro accuratezza.

La natura della fiducia dipende dal presupposto che le forme di comunicazione non istituzionali siano più libere dal potere e più in grado di riportare informazioni che i media tradizionali sono percepiti come incapaci o non disposti a rivelare. Il calo di fiducia nei confronti di molti media tradizionali e delle conoscenze degli esperti ha creato un terreno fertile per far apparire come autorevoli e credibili fonti di informazione alternative e spesso oscure. Questo finisce per lasciare gli utenti confusi sui fatti fondamentali.

Popolarità e diffusione virale

Le fake news sono diventate popolari tra i vari media e le piattaforme. I ricercatori del Pew Research Center hanno scoperto che oltre il 60% degli americani accede alle notizie attraverso i social media rispetto ai giornali e alle riviste tradizionali. Con la popolarità dei social media, gli individui possono facilmente accedere a fake news o a contenuti simili. Uno studio ha analizzato il numero di articoli di fake news a cui gli spettatori hanno avuto accesso nel 2016 e ha scoperto che ogni individuo è stato esposto ad almeno uno o più articoli di fake news al giorno. Di conseguenza, le fake news sono onnipresenti tra gli spettatori e hanno la capacità di diffondersi su Internet.

Le fake news hanno la tendenza a diventare virali tra il pubblico. Con la presenza di piattaforme di social media come Twitter, diventa più facile per le informazioni false diffondersi rapidamente. Una ricerca ha rilevato che le false informazioni politiche tendono a diffondersi "tre volte" più velocemente di altre notizie false. Su Twitter, i tweet falsi hanno una probabilità molto più alta di essere ritwittati rispetto a quelli veritieri. Inoltre, sono gli esseri umani i responsabili della diffusione di notizie e informazioni false rispetto ai bot e alle click-farm. La tendenza degli esseri umani a diffondere informazioni false ha a che fare con il comportamento umano; secondo la ricerca, gli esseri umani sono attratti da eventi e informazioni sorprendenti e nuovi e, di conseguenza, causano un'elevata arousal nel cervello. Inoltre, si è scoperto che il ragionamento motivato gioca un ruolo nella diffusione delle fake news. Questo porta gli esseri umani a retwittare o condividere informazioni false, che di solito sono caratterizzate da clickbait e titoli accattivanti. Questo impedisce alle persone di fermarsi a verificare le informazioni. Di conseguenza, attorno a una notizia falsa si formano comunità online di massa, senza alcun controllo o verifica preliminare della veridicità dell'informazione.

Particolarmente preoccupante per la diffusione virale delle fake news è il ruolo dei **super-diffusori**. Brian Stelter, conduttore di Reliable Sources alla CNN, ha documentato il sistematico feedback bidirezionale a lungo termine che si è sviluppato tra il presidente Donald Trump e i conduttori di Fox News. Il conseguente condizionamento dell'indignazione del loro vasto pubblico nei confronti del governo e dei media tradizionali si è rivelato una fonte di guadagno di grande successo per la rete televisiva.

I suoi effetti dannosi

Nel 2017, l'inventore del World Wide Web, Tim Berners-Lee, ha affermato che le fake news sono una delle tre più significative nuove tendenze inquietanti di Internet che devono essere risolte, se si vuole che Internet sia veramente "al servizio dell'umanità". Le altre due nuove tendenze inquietanti che Berners-Lee ha descritto come una minaccia per Internet sono la recente impennata nell'uso di Internet da parte dei governi sia per scopi di sorveglianza dei cittadini sia per scopi di guerra informatica.

L'autore Terry Pratchett, già giornalista e addetto stampa, è stato tra i primi a preoccuparsi della diffusione di fake news su Internet. In un'intervista del 1995 con Bill Gates, fondatore di Microsoft, disse: "Supponiamo che io mi chiami Istituto per qualcosa o altro e che decida di promuovere un trattato fasullo in cui si dice che gli ebrei sono interamente responsabili della Seconda guerra mondiale e che l'Olocausto non è avvenuto, e che questo venga pubblicato su Internet e sia disponibile alle stesse condizioni di qualsiasi ricerca storica sottoposta a revisione paritaria e così via. C'è una sorta di parità di stima delle informazioni in rete. È tutto lì: non c'è modo di scoprire se queste cose hanno un fondo o se qualcuno le ha semplicemente inventate". Gates era ottimista e non era d'accordo, affermando che le autorità in rete avrebbero indicizzato e controllato fatti e reputazioni in modo molto più sofisticato rispetto alla stampa. Ma è stato Pratchett a prevedere con maggiore precisione come Internet avrebbe propagato e legittimato le fake news.

Quando Internet è diventato accessibile al pubblico negli anni '90, il suo scopo principale era la ricerca e l'accesso alle informazioni. L'introduzione delle fake news in Internet ha reso difficile per alcuni trovare informazioni veritiere. L'impatto delle fake news è diventato un fenomeno mondiale. Le fake news sono spesso diffuse attraverso l'uso di siti web di notizie false che, per guadagnare credibilità, si specializzano nella creazione di notizie che attirano l'attenzione e che spesso si spacciano per fonti di notizie note. Jestin Coler, che ha dichiarato di farlo per "divertimento", ha dichiarato di guadagnare 10.000 dollari al mese grazie alla pubblicità sui suoi siti web di notizie false. Le ricerche hanno dimostrato che le fake news danneggiano molto di più i social media e gli outlet online rispetto alla stampa e alla televisione tradizionali. In seguito a un sondaggio, è emerso che il 58% delle persone, dopo aver appreso le fake news, si fida meno delle notizie dei social media rispetto al 24% di quelle dei media tradizionali.

Tipi di fake news

Claire Wardle di *First Draft News*, nei risultati preliminari, identifica sette tipi di fake news:

1. satira o parodia ("non ha l'intenzione di provocare danni, ma ha il potenziale per ingannare")

2. falso collegamento ("quando titoli, immagini o didascalie non supportano il contenuto")

3. contenuto fuorviante ("uso fuorviante di informazioni per inquadrare una questione o un individuo")

4. falso contesto ("quando un contenuto autentico viene condiviso con false informazioni contestuali")

5. contenuti impostori ("quando fonti genuine vengono impersonate" con fonti false e inventate)

6. contenuto manipolato ("quando informazioni o immagini genuine sono manipolate per ingannare", come nel caso di una foto "ritoccata")

7. contenuti inventati ("i nuovi contenuti sono falsi al 100%, progettati per ingannare e danneggiare")

Il negazionismo scientifico è un altro potenziale tipo esplicativo di fake news, definito come l'atto di produrre fatti falsi o fuorvianti per sostenere inconsciamente forti convinzioni preesistenti.

Critiche al termine

Nel 2017, Wardle ha annunciato di aver rifiutato l'espressione "fake news" e di averla "censurata nella conversazione", ritenendola "tristemente inadeguata" per descrivere i problemi. Ora parla di "disordine dell'informazione" e "inquinamento dell'informazione" e distingue tre tipi generali di problemi legati al contenuto dell'informazione:

1. Disinformazione (misinformation): informazioni false diffuse senza intento dannoso.

2. Dis-informazione (disinformazione): informazioni false create e condivise da persone con intenti dannosi.

3. Malinformazione: la condivisione di informazioni "genuine" con l'intento di causare danni.

La disinformazione è il tipo più insidioso a causa dell'intento dannoso. Ad esempio, a volte è generata e propagata da attori stranieri ostili, in particolare durante le elezioni.

A causa del modo in cui l'ex presidente Donald Trump ha cooptato il termine, l'editorialista del *Washington Post* Margaret Sullivan ha avvertito i colleghi giornalisti che "è tempo di mandare in pensione il termine contaminato 'fake news'. Anche se il termine non esiste da molto tempo, il suo significato si è già perso". Alla fine del 2018, il termine "fake news" era diventato *verboten* e i giornalisti statunitensi, tra cui il Poynter Institute, chiedevano scuse e il ritiro dei prodotti delle aziende che lo utilizzavano.

Nell'ottobre 2018, il governo britannico ha deciso che il termine "fake news" non sarà più utilizzato nei documenti ufficiali perché è "un termine poco definito e fuorviante che confonde una varietà di informazioni false, dall'errore genuino all'interferenza straniera nei processi democratici". Ciò ha fatto seguito a una raccomandazione del Comitato per il digitale, la cultura, i media e lo sport della Camera dei Comuni di evitare il termine.

Tuttavia, le recenti revisioni delle fake news le considerano ancora un utile costrutto ampio, equivalente nel significato a notizie inventate, separato da tipi correlati di contenuti giornalistici problematici, come le notizie iperpartisan, quest'ultime fonte particolare di polarizzazione politica. Pertanto, i ricercatori stanno iniziando a preferire "disordine informativo" come termine più neutro e informativo. Ad esempio, la Commissione d'inchiesta dell'Aspen Institute (2021) ha adottato il termine "disordine informativo" nel suo rapporto d'inchiesta.

Identificazione

Secondo una guida della biblioteca accademica, alcuni aspetti specifici delle fake news possono aiutare a identificarle e quindi a evitare di essere indebitamente influenzati. Questi includono: Clickbait, propaganda, satira/parodia, giornalismo sciatto, titoli fuorvianti, manipolazione, rumor mill, disinformazione, pregiudizio dei media, pregiudizio del pubblico e content farm.

La Federazione internazionale delle associazioni e delle istituzioni bibliotecarie (IFLA) ha pubblicato una sintesi in forma di diagramma *(nella foto a destra)* per aiutare le persone a riconoscere le fake news. I punti principali sono:

1. Considerare la fonte (per capire la sua missione e il suo scopo)

2. Leggere oltre il titolo (per capire l'intera storia)

3. Controllare gli autori (per vedere se sono reali e credibili)

4. Valutare le fonti di supporto (per assicurarsi che supportino le affermazioni).

5. Controllare la data di pubblicazione (per vedere se la storia è rilevante e aggiornata)

6. Chiedere se si tratta di uno scherzo (per determinare se si tratta di satira).

7. Esaminare i propri pregiudizi (per vedere se influenzano il giudizio).

8. Chiedere agli esperti (per avere conferma da persone indipendenti e competenti).

L'International Fact-Checking Network (IFCN), lanciato nel 2015, sostiene gli sforzi di collaborazione internazionale nel fact-checking, fornisce formazione e ha pubblicato un codice di principi. Nel 2017 ha introdotto un processo di candidatura e di verifica per le organizzazioni giornalistiche. Uno dei firmatari verificati dell'IFCN, la rivista indipendente senza scopo di lucro *The Conversation*, ha creato una breve animazione che spiega il suo processo di verifica dei fatti, che prevede "controlli ed equilibri supplementari, tra cui la revisione cieca tra pari da parte di un secondo esperto accademico, un ulteriore controllo e una supervisione editoriale".

A partire dall'anno scolastico 2017, i bambini di Taiwan studiano un nuovo curriculum progettato per insegnare la lettura critica della propaganda e la valutazione delle fonti. Chiamato "alfabetizzazione mediatica", il corso fornisce una formazione al giornalismo nella nuova società dell'informazione.

Identificazione online

Le fake news sono diventate sempre più diffuse negli ultimi anni, con oltre 100 articoli e voci fuorvianti diffusi solo in occasione delle elezioni presidenziali degli Stati Uniti del 2016. Questi articoli di fake news tendono a provenire da siti web di notizie satiriche o da singoli siti web che sono incentivati a diffondere informazioni false, sia come clickbait sia per raggiungere uno scopo. Poiché in genere sperano di promuovere intenzionalmente informazioni errate, tali articoli sono piuttosto difficili da individuare.

Lo studioso dei media Nolan Higdon ha sostenuto che un'educazione critica ai media, incentrata sull'insegnamento agli studenti di come individuare le fake news, è il modo più efficace per mitigare la perniciosa influenza della propaganda. Nel suo libro "The Anatomy of Fake News: A Critical News Education", Higdon offre una guida in dieci passi per individuare le fake news. Quando si identifica una fonte di informazioni, si devono esaminare molti attributi, tra cui, ma non solo, il contenuto delle e-mail e gli impegni sui social media. In particolare, il linguaggio è tipicamente più incendiario nelle fake news rispetto agli articoli reali, in parte perché lo scopo è confondere e generare click.

Inoltre, tecniche di modellazione come la codifica degli n-grammi e il bag of words sono servite come altre tecniche linguistiche per determinare la legittimità di una fonte di notizie. Inoltre, i ricercatori hanno determinato che anche gli spunti visivi giocano un fattore di categorizzazione di un articolo, in particolare alcune caratteristiche possono essere progettate per valutare se un'immagine è legittima e fornisce maggiore chiarezza sulla notizia. Vi sono anche molte caratteristiche del contesto sociale che possono giocare un ruolo, così come il modello di diffusione della notizia. Siti web come "Snopes" cercano di rilevare manualmente queste informazioni, mentre alcune università stanno cercando di costruire modelli matematici per farlo da sole.

Strategie di attacco e soppressione

Sono in corso numerose ricerche sulle strategie per affrontare e sopprimere le fake news di tutti i tipi, in particolare la disinformazione, ovvero la diffusione deliberata di false narrazioni a fini politici o per destabilizzare la coesione sociale in comunità mirate. È necessario adattare diverse strategie ai singoli tipi di fake news, a seconda, ad esempio, che le fake news siano prodotte deliberatamente o piuttosto involontariamente o inconsapevolmente.

Sono disponibili molte risorse per combattere le fake news. Riassunti regolari di eventi e ricerche attuali sono disponibili sui siti web e nelle newsletter via e-mail di diverse organizzazioni di supporto. In particolare, si segnalano First Draft News e la Nieman Foundation for Journalism (Università di Harvard).

Regolamentazione dei social media

Le aziende di Internet con credibilità minacciata hanno sviluppato nuove risposte per limitare le fake news e ridurre gli incentivi finanziari per la loro proliferazione.

Una critica valida alle aziende che operano nel settore dei social media è che agli utenti vengono presentati contenuti di loro gradimento, in base alle precedenti preferenze di visualizzazione. Un effetto collaterale indesiderato è l'aumento del pregiudizio di conferma negli utenti, che a sua volta favorisce l'accettazione delle fake news. Per ridurre questo pregiudizio, è necessario che l'autoregolamentazione e la regolamentazione legale dei social media (in particolare Facebook e Twitter) e dei motori di ricerca web (in particolare Google) diventino più efficaci e innovativi.

Lo studioso di media Nolan Higdon sostiene che affidarsi alle aziende tecnologiche per risolvere i problemi legati alle false informazioni aggraverà il problema. Le aziende tecnologiche non sono incentivate a risolvere il problema perché beneficiano finanziariamente della proliferazione delle fake news. Il loro utilizzo dei dati raccolti è una delle forze più forti che danno potere ai produttori di fake news. Piuttosto che la regolamentazione governativa o la censura dell'industria, Higdon sostiene l'introduzione di un'educazione all'alfabetizzazione critica delle notizie nell'istruzione americana.

I disincentivi finanziari ad affrontare le fake news si applicano anche ad alcuni media mainstream. Brian Stelter, conduttore di Reliable Sources alla CNN, ha fornito una critica sostanziale della relazione simbiotica ma dannosa che si è sviluppata tra il Presidente Donald Trump e Fox News, che si è rivelata una straordinaria fonte di guadagno per la rete televisiva di proprietà di Murdoch, nonostante sia una super-diffusore di fake news.

Strategia generale

L'approccio generale di queste aziende tecnologiche è il rilevamento di notizie problematiche attraverso il fact-checking umano e l'intelligenza artificiale automatizzata (apprendimento automatico, elaborazione del linguaggio naturale e analisi di rete). Le aziende tecnologiche hanno utilizzato due strategie di contrasto fondamentali: il down-ranking delle fake news e i messaggi di avvertimento.

Nel primo approccio, i contenuti problematici vengono declassati dall'algoritmo di ricerca, ad esempio alla seconda o alle ultime pagine di una ricerca su Google, in modo che gli utenti abbiano meno probabilità di vederli (la maggior parte degli utenti si limita a scansionare la prima pagina dei risultati di ricerca). Tuttavia, sorgono due problemi. Uno è che la verità non è in bianco e nero e i verificatori di fatti spesso non sono d'accordo su come classificare i contenuti inclusi nei set di addestramento dei computer, con il rischio di falsi positivi e di censura ingiustificata. Inoltre, le fake news spesso si evolvono rapidamente e quindi gli identificatori di disinformazione potrebbero essere inefficaci in futuro.

Il secondo approccio prevede l'inserimento di avvertimenti sui contenuti che i verificatori professionisti hanno ritenuto falsi. Molte prove indicano che le correzioni e gli avvertimenti producono una riduzione delle percezioni errate e delle condivisioni. Nonostante le prime prove che il fact-checking potesse ritorcersi contro, le ricerche più recenti hanno dimostrato che questi effetti di ritorsione sono estremamente rari. Ma un problema importante è che il fact-checking professionale non è scalabile: può richiedere tempo e sforzi notevoli per indagare su ogni particolare affermazione. Pertanto, molte (se non la maggior parte) delle affermazioni false non vengono mai verificate. Inoltre, il processo è lento e un avviso può mancare il periodo di massima diffusione virale. Inoltre, gli avvisi sono in genere legati solo a notizie palesemente false, piuttosto che a coperture distorte di eventi realmente accaduti.

Un terzo approccio consiste nel porre maggiore enfasi su fonti affidabili come Wikipedia, oltre che sui media tradizionali (ad esempio, il New York Times e il Wall Street Journal) e sulle pubblicazioni di comunicazione scientifica (ad esempio, Scientific American e The Conversation). Tuttavia, questo approccio ha portato a risultati contrastanti, poiché anche in queste fonti (i media hanno sia pagine di notizie che di opinioni) si trovano commenti iperpartisan e pregiudizi di conferma. Inoltre, alcuni settori della comunità rifiutano completamente i commenti scientifici.

Controllo dei fatti

Durante le elezioni presidenziali del 2016, la creazione e la copertura di fake news sono aumentate in modo sostanziale. Questo ha portato a una risposta diffusa per combattere la diffusione delle fake news. Il volume e la riluttanza dei siti web di fake news a rispondere alle organizzazioni di fact-checking ha posto un problema nell'inibire la diffusione delle fake news attraverso il solo fact checking. Nel tentativo di ridurre gli effetti delle fake news, i siti di fact-checking, tra cui Snopes.com e FactCheck.org, hanno pubblicato delle guide per individuare ed evitare i siti di fake news. I siti di social media e i motori di ricerca, come Facebook e Google, sono stati criticati per aver favorito la diffusione di fake news. Entrambe le società hanno adottato misure per prevenire esplicitamente la diffusione di fake news; i critici, tuttavia, ritengono che siano necessarie ulteriori azioni.

Facebook

Dopo le elezioni americane del 2016 e la corsa alle elezioni tedesche, Facebook ha iniziato a etichettare e ad avvertire delle notizie inesatte e ha collaborato con fact-checkers indipendenti per etichettare le notizie inesatte, avvertendo i lettori prima di condividerle. Dopo che una storia è stata segnalata come contestata, verrà esaminata dai fact-checkers di terze parti. Se viene dimostrato che si tratta di una fake news, il post non può essere trasformato in un annuncio o promosso. L'intelligenza artificiale è una delle tecnologie più recenti sviluppate negli Stati Uniti e in Europa per riconoscere ed eliminare le fake news attraverso gli algoritmi. Nel 2017, Facebook ha preso di mira 30.000 account legati alla diffusione di disinformazione sulle elezioni presidenziali francesi.

Nel 2020, durante la pandemia COVID-19, Facebook ha scoperto che le troll farm provenienti dalla Macedonia del Nord e dalle Filippine spingevano la disinformazione sul coronavirus. Gli editori che hanno utilizzato i contenuti di queste fattorie sono stati banditi dalla piattaforma.

Google

Nel marzo 2018, Google ha lanciato la Google News Initiative (GNI) per combattere la diffusione delle fake news. Ha lanciato la GNI nella convinzione che il giornalismo di qualità e l'identificazione della verità online siano fondamentali. La GNI ha tre obiettivi: "elevare e rafforzare il giornalismo di qualità, evolvere i modelli di business per guidare una crescita sostenibile e potenziare le organizzazioni giornalistiche attraverso l'innovazione tecnologica". Per raggiungere il primo obiettivo, Google ha creato il Disinfo Lab, che combatte la diffusione di fake news in momenti cruciali come le elezioni o le ultime notizie. L'azienda sta inoltre lavorando per adattare i propri sistemi in modo da visualizzare contenuti più attendibili durante le ultime notizie. Per facilitare agli utenti l'iscrizione agli editori di media, Google ha creato Subscribe with Google. Inoltre, ha creato un cruscotto, News Consumer Insights, che consente alle organizzazioni giornalistiche di comprendere meglio il proprio pubblico utilizzando dati e analisi. Google spenderà 300 milioni di dollari fino al 2021 per questi sforzi, tra gli altri, per combattere le fake news.

Nel novembre 2020, YouTube (di proprietà di Google) ha sospeso per una settimana l'emittente One America News Network (OANN) per aver diffuso disinformazione sul coronavirus. L'emittente ha violato più volte la politica di YouTube. Un video che promuoveva falsamente una cura garantita per il virus è stato cancellato dal canale.

Sanzioni legali e penali in generale

L'uso di siti web di fake news ospitati anonimamente ha reso difficile perseguire le fonti di fake news per diffamazione.

Numerosi Paesi hanno creato leggi nel tentativo di regolamentare o perseguire la disinformazione dannosa più in generale che concentrandosi solo sulle aziende tecnologiche. In numerosi Paesi, sono state arrestate persone per la presunta diffusione di notizie false sulla pandemia COVID-19.

I legislatori algerini hanno approvato una legge che criminalizza le "fake news" ritenute dannose per "l'ordine pubblico e la sicurezza dello Stato". Il Ministero degli Interni turco ha arrestato utenti dei social media i cui post "prendevano di mira i funzionari e diffondevano panico e paura suggerendo che il virus si fosse diffuso ampiamente in Turchia e che i funzionari avessero preso misure insufficienti". L'esercito iraniano ha dichiarato che 3600 persone sono state arrestate per aver "diffuso voci" sul COVID-19 nel Paese. In Cambogia, alcune persone che hanno espresso preoccupazione per la diffusione della COVID-19 sono state arrestate con l'accusa di fake news. Gli Emirati Arabi Uniti hanno introdotto sanzioni penali per la diffusione di informazioni errate e voci relative all'epidemia.

Promozione dei fatti rispetto alle emozioni

Il filosofo della scienza americano Lee McIntyre, che ha studiato l'atteggiamento scientifico e la post-verità, ha spiegato l'importanza delle basi fattuali della società, a favore di una società in cui le emozioni sostituiscono i fatti. Un inquietante esempio moderno di ciò è la relazione simbiotica che si è sviluppata tra il presidente Donald Trump e Fox News, in cui le convinzioni cospirazioniste dei conduttori di Fox sono state ripetute poco dopo da Trump (e viceversa) in un ciclo di feedback continuo. Ciò è servito a promuovere l'indignazione, e quindi a condizionare e radicalizzare gli ascoltatori repubblicani conservatori di Fox in sostenitori di Trump di tipo cultuale, e a demonizzare e gassare gli avversari democratici, i media mainstream e le élite in generale.

Una strategia chiave per contrastare le fake news basate sulle emozioni piuttosto che sui fatti è quella di inondare lo spazio dell'informazione, in particolare i social media e i risultati di ricerca dei browser web, con notizie concrete, eliminando così la disinformazione. Un fattore chiave per stabilire i fatti è il ruolo del pensiero critico, i cui principi dovrebbero essere incorporati in modo più completo in tutti i corsi di istruzione scolastica e universitaria. Il pensiero critico è uno stile di pensiero in cui i cittadini, prima di risolvere i problemi e prendere decisioni, hanno imparato a prestare attenzione al contenuto delle parole scritte e a giudicarne l'accuratezza e l'equità, tra le altre caratteristiche degne di nota.

Un recente studio di Randy Stein e colleghi dimostra che i conservatori apprezzano le storie personali (prove non scientifiche, intuitive o esperienziali) più dei liberali (progressisti) e quindi forse sono meno influenzati dalle prove scientifiche. Questo studio, tuttavia, ha testato solo le risposte a messaggi apolitici.

I nudge come spunti di riflessione

È dimostrato che le persone tendono a reagire frettolosamente e a condividere le fake news senza pensare attentamente a ciò che hanno letto o sentito e senza controllare o verificare le informazioni. È stato dimostrato che "spingere" le persone a considerare l'accuratezza delle informazioni in arrivo spinge le persone a riflettere, a migliorare l'accuratezza del loro giudizio e a ridurre la probabilità che le informazioni errate vengano condivise in modo non riflessivo. Un esempio di nudge basato sulla tecnologia è il suggerimento di Twitter "leggi prima di retwittare", che invita i lettori a leggere un articolo e a considerarne il contenuto prima di retwittarlo.

Contrasto individuale

Gli individui dovrebbero affrontare la disinformazione quando viene individuata nei blog online, anche se brevemente, altrimenti si incancrenisce e prolifera. La persona a cui si risponde è probabilmente resistente al cambiamento, ma molti altri blogger potrebbero leggere e imparare da una risposta basata su prove. Un esempio brutale è stato appreso da John Kerry durante la campagna elettorale per le presidenziali americane del 2004 contro George W. Bush. Gli Swift Boat Veterans for Truth, gruppi di destra, sostenevano falsamente che Kerry avesse dato prova di codardia durante la guerra del Vietnam. Kerry si è rifiutato di dare una risposta a queste affermazioni per due settimane, nonostante il martellamento dei media, e questa azione ha contribuito alla sua sconfitta marginale contro Bush. Non dovremmo mai dare per scontato che qualsiasi affermazione sia troppo oltraggiosa per essere creduta.[154-155]

Tuttavia, occorre essere cauti per quanto riguarda il debunking troppo zelante delle fake news. Spesso non è saggio attirare l'attenzione su notizie false pubblicate su un sito web o un blog di scarso impatto (che ha pochi follower). Se questa notizia falsa viene smontata da un giornalista di alto profilo come il New York Times, la conoscenza della falsa affermazione si diffonde ampiamente e un numero maggiore di persone finirà per crederci, ignorando o negando la smentita. Questo effetto è simile a costrutti come l'effetto ritorno di fiamma, l'effetto Streisand e, più in generale, la reattività psicologica.

Salute mentale e vaccinazione

Il filosofo americano Andy Norman, nel suo libro *Mental Immunity*, sostiene la necessità di una nuova scienza dell'immunologia cognitiva come guida pratica per resistere alle cattive idee (come le teorie del complotto) e per superare il meschino tribalismo, migliorando la nostra capacità di pensiero critico. Tuttavia, afferma l'autore, la ragione, il metodo scientifico, il fact-checking e le capacità di pensiero critico sono da soli insufficienti a contrastare l'ampia portata delle false informazioni. Si trascura il potere dei pregiudizi di conferma, del ragionamento motivato e di altri pregiudizi cognitivi che possono seriamente distorcere le molte sfaccettature dell'"immunità" mentale (la resistenza pubblica alle fake news), in particolare nelle società disfunzionali.

Il problema è che la disinformazione - e la sua cugina più oscura, la disinformazione intenzionale - spuntano continuamente. Pertanto, è molto meglio, in termini di tempo, inoculare la popolazione contro la disinformazione, piuttosto che dover continuamente sfatare ogni nuova affermazione in un secondo momento. L'inoculazione costruisce la resistenza del pubblico e crea le condizioni per una "immunità di gregge" psicologica. Il termine generale per questo processo è "prebunking", definito come il processo di smascheramento di bugie, tattiche o fonti prima che colpiscano. Una nuova ricerca dimostra che i giochi online gratuiti possono fornire strumenti per combattere le fake news, portando a un sano scetticismo quando consumiamo le notizie.

Un esempio pratico è la teoria dell'inoculazione, una teoria psicologica sociale e della comunicazione che spiega come un atteggiamento o una convinzione possano essere protetti dalla persuasione o dall'influenza più o meno nello stesso modo in cui un corpo può essere protetto dalle malattie, ad esempio attraverso la pre-esposizione a versioni indebolite di una minaccia futura più forte. La teoria utilizza l'inoculazione come analogia esplicativa, applicata agli atteggiamenti (o alle convinzioni) piuttosto che a un vaccino applicato a una malattia infettiva. Ha un grande potenziale per costruire la resilienza ("immunità") pubblica contro la disinformazione e le fake news, ad esempio per affrontare il negazionismo scientifico, i comportamenti sanitari a rischio e la manipolazione emotiva del marketing e della messaggistica politica.

Per esempio, John Cook e colleghi hanno dimostrato che la teoria dell'inoculazione è promettente per contrastare il negazionismo sui cambiamenti climatici. Si tratta di un processo in due fasi. In primo luogo, si elencano e si decostruiscono i circa 50 miti più comuni sul cambiamento climatico, identificando gli errori di ragionamento e le fallacie logiche di ciascuno di essi. In secondo luogo, utilizzare il concetto di argomentazione parallela per spiegare la falla nell'argomento trapiantando la stessa logica in una situazione parallela, spesso estrema o assurda. L'aggiunta di un umorismo appropriato può essere particolarmente efficace.

La storia

Antico

Nel XIII secolo a.c., Ramses il Grande diffuse menzogne e propaganda che ritraevano la battaglia di Kadesh come un'incredibile vittoria per gli Egizi; egli raffigurò scene di se stesso che colpiva i suoi nemici durante la battaglia sulle pareti di quasi tutti i suoi templi. Il trattato tra gli Egizi e gli Ittiti, tuttavia, rivela che la battaglia fu in realtà una situazione di stallo.

Durante il I secolo a.c., Ottaviano condusse una campagna di disinformazione contro il suo rivale Marco Antonio, dipingendolo come un ubriacone, un donnaiolo e un mero burattino della regina egiziana Cleopatra VII. Pubblicò un documento che pretendeva di essere il testamento di Marco Antonio, in cui si affermava che Marco Antonio, alla sua morte, desiderava essere sepolto nel mausoleo dei faraoni tolemaici. Sebbene il documento potesse essere stato falsificato, suscitò l'indignazione della popolazione romana. Marco Antonio si suicidò dopo la sconfitta nella battaglia di Azio, dopo aver sentito le false voci diffuse dalla stessa Cleopatra che affermavano che si era suicidata.

Durante il secondo e il terzo secolo d.C., vennero diffuse false voci sui cristiani, sostenendo che essi praticassero il cannibalismo rituale e l'incesto. Alla fine del III secolo d.C., l'apologeta cristiano Lattanzio inventò e ingigantì storie sui pagani che si dedicavano ad atti di immoralità e crudeltà, mentre lo scrittore anticristiano Porfirio inventò storie simili sui cristiani.

Medievale

Nel 1475, a Trento, una falsa notizia affermò che la comunità ebraica aveva ucciso un neonato cristiano di due anni e mezzo di nome Simonino. La storia portò all'arresto e alla tortura di tutti gli ebrei della città; 15 di loro furono bruciati sul rogo. Lo stesso Papa Sisto IV cercò di stroncare la storia, ma a quel punto si era già diffusa al di là di ogni controllo. Storie di questo tipo erano note come "libello di sangue"; sostenevano che gli ebrei uccidevano di proposito i cristiani, soprattutto i bambini cristiani, e usavano il loro sangue per scopi religiosi o rituali.

Prima età moderna

Dopo l'invenzione della stampa nel 1439, le pubblicazioni si diffusero, ma non esistevano standard di etica giornalistica da seguire. Nel XVII secolo, gli storici iniziarono a citare le loro fonti nelle note a piè di pagina. Nel 1610, quando Galileo fu processato, aumentò la richiesta di notizie verificabili.

Nel XVIII secolo gli editori di notizie false furono multati e banditi nei Paesi Bassi; un uomo, Gerard Lodewijk van der Macht, fu bandito quattro volte dalle autorità olandesi - e per quattro volte si trasferì e riavviò la sua stampa. Nelle colonie americane, Benjamin Franklin scrisse notizie false su indiani assassini "scalpatori" che collaboravano con Re Giorgio III nel tentativo di influenzare l'opinione pubblica a favore della Rivoluzione americana.

I canards, successori della pasquinade del XVI secolo, furono venduti a Parigi per strada per due secoli, a partire dal XVII secolo. Nel 1793, Maria Antonietta fu giustiziata in parte a causa dell'odio popolare suscitato da un canard su cui era stato stampato il suo volto.

Durante l'epoca della schiavitù negli Stati Uniti, i sostenitori della schiavitù diffondevano notizie false sugli afroamericani, che i bianchi consideravano di status inferiore. In reazione alla diffusione di alcune fake news si verificarono episodi di violenza. In un caso, le storie di afroamericani che diventavano spontaneamente bianchi si diffusero nel Sud e incutono paura a molte persone.

Le voci e le ansie sulle ribellioni degli schiavi erano comuni in Virginia fin dall'inizio del periodo coloniale, nonostante l'unica grande rivolta sia avvenuta nel XIX secolo. Un caso particolare di fake news sulle rivolte si verificò nel 1730. Il governatore in carica della Virginia all'epoca, William Gooch, riferì che si era verificata una ribellione di schiavi che era stata efficacemente sedata, anche se non era mai avvenuta. Dopo aver scoperto la falsità, Gooch ordinò che gli schiavi trovati fuori dalle piantagioni fossero puniti, torturati e fatti prigionieri.

XIX secolo

Un esempio di fake news fu la Grande Bufala della Luna del 1835. Il quotidiano *Sun* di New York pubblicò articoli su un astronomo realmente esistito e su un collega inventato che, secondo la bufala, avevano osservato una bizzarra vita sulla luna. Gli articoli romanzati riuscirono ad attirare nuovi abbonati e il giornale subì pochissime ripercussioni dopo aver ammesso, il mese successivo, che la serie era una bufala. Queste storie avevano lo scopo di intrattenere i lettori e non di fuorviarli.

Dal 1800 al 1810, James Cheetham si servì di storie di fantasia per sostenere politicamente Aaron Burr. Le sue storie erano spesso diffamatorie e fu spesso citato in giudizio per diffamazione.

Il giornalismo giallo raggiunse l'apice a metà degli anni Novanta del XIX secolo, caratterizzando il giornalismo sensazionalistico nato dalla guerra di diffusione tra il New York World di Joseph Pulitzer e il New York Journal di William Randolph Hearst. Pulitzer e altri editori di giornalismo giallo spinsero gli Stati Uniti a partecipare alla guerra ispano-americana, che fu provocata dall'esplosione della USS *Maine* nel porto dell'Avana, a Cuba. Il termine "fake news" è stato usato per la prima volta negli anni '90 del XIX secolo, durante quest'epoca di notizie sensazionalistiche.

20° secolo

Le fake news sono diventate popolari e si sono diffuse rapidamente nel 1900. I mezzi di comunicazione come giornali, articoli e riviste erano molto richiesti grazie alla tecnologia. L'autrice Sarah Churchwell mostra che quando il New York Times ristampò il discorso di Woodrow Wilson del 1915 che rese popolare l'espressione "America First", utilizzò anche il sottotitolo "Fake News Condemned" per descrivere una sezione del discorso che metteva in guardia contro la propaganda e la disinformazione, sebbene Wilson stesso non avesse usato l'espressione "fake news". Nel suo discorso, Wilson ha messo in guardia dal problema crescente delle notizie che "si rivelano false", avvertendo il Paese che "non può permettersi di "lasciare che le voci di persone e origini irresponsabili entrino negli Stati Uniti"", poiché ciò minerebbe la democrazia e il principio di una stampa libera e accurata. In seguito a un'affermazione della CNN secondo cui "Trump è stato... il primo presidente degli Stati Uniti a usare [il termine "fake news"] contro i suoi avversari", è stato citato il lavoro di Sarah Churchwell per affermare che "è stato Woodrow Wilson a rendere popolare l'espressione 'fake news' nel 1915" senza alcun riferimento, costringendola a controbattere questa affermazione, dicendo che "l'espressione 'fake news' NON è stata affatto resa popolare (o addirittura usata) da Wilson. Il NY Times l'ha usata di sfuggita, ma non ha preso piede. Trump è stato il primo a renderla popolare".

Durante la Prima guerra mondiale, un esempio di fake news fu la propaganda antitedesca su una presunta "fabbrica di cadaveri tedeschi", in cui i morti dei campi di battaglia tedeschi sarebbero stati ridotti in polvere per ricavarne grassi da utilizzare per produrre nitroglicerina, candele, lubrificanti, sapone umano e doppiatori per stivali. Voci infondate su questa fabbrica circolarono sulla stampa alleata a partire dal 1915 e nel 1917 la pubblicazione in lingua inglese *North China Daily News* presentò queste accuse come vere, in un momento in cui la Gran Bretagna stava cercando di convincere la Cina ad unirsi allo sforzo bellico alleato; ciò si basava su nuove storie presumibilmente vere del *Times* e del *Daily Mail che si rivelarono essere* dei falsi. Queste false affermazioni divennero note come tali nel dopoguerra e nella Seconda guerra mondiale Joseph Goebbels utilizzò la storia per negare il massacro degli ebrei in corso come propaganda britannica. Secondo Joachim Neander e Randal Marlin, la storia "incoraggiò anche la successiva incredulità" quando le notizie sull'Olocausto emersero dopo la liberazione dei campi di concentramento di Auschwitz e Dachau.Dopo che Hitler e il Partito nazista salirono al potere in Germania nel 1933, istituirono il Ministero dell'Illuminazione Pubblica e della Propaganda del Reich sotto il controllo del Ministro della Propaganda Joseph Goebbels. I nazisti usarono sia la stampa che il giornalismo radiotelevisivo per promuovere i loro programmi, sia ottenendo la proprietà di questi mezzi di comunicazione che esercitando un'influenza politica. L'espressione Grande bugia (in tedesco: große Lüge) è stata coniata da Adolf Hitler, quando ha dettato il suo libro Mein Kampf del 1925. Durante la Seconda Guerra Mondiale, sia l'Asse che gli Alleati utilizzarono notizie false sotto forma di propaganda per persuadere il pubblico in patria e nei Paesi nemici. Il Political Warfare Executive britannico utilizzò trasmissioni radiofoniche e distribuì volantini per scoraggiare le truppe tedesche.

Il Carnegie Endowment for International Peace ha pubblicato che *il New York Times* ha stampato notizie false "raffiguranti la Russia come un paradiso socialista". Nel periodo 1932-1933, *il New York Times* pubblicò numerosi articoli del suo capo ufficio di Mosca, Walter Duranty, che vinse un premio Pulitzer per una serie di servizi sull'Unione Sovietica.

21° secolo

Nel XXI secolo, sia l'impatto delle fake news che l'uso del termine si sono diffusi.

La crescente apertura, l'accesso e la diffusione di Internet ne hanno determinato la crescita. Nuove informazioni e storie vengono pubblicate costantemente e a un ritmo più veloce che mai, spesso prive di verifica, che possono essere consumate da chiunque abbia una connessione a Internet. Le fake news sono passate dall'invio di e-mail all'attacco dei social media. Oltre a riferirsi a storie inventate progettate per ingannare i lettori e indurli a cliccare sui link, massimizzando il traffico e i profitti, il termine si riferisce anche alle notizie satiriche, il cui scopo non è quello di fuorviare, ma piuttosto di informare gli spettatori e condividere commenti umoristici sulle notizie reali e sui media tradizionali. Esempi di satira negli Stati Uniti sono il giornale *The Onion*, *Saturday Night Live*'s *Weekend Update* e gli show televisivi *The Daily Show*, *The Colbert Report*, *The Late Show with Stephen Colbert*.

Le fake news del XXI secolo hanno spesso lo scopo di aumentare i profitti finanziari delle testate giornalistiche. In un'intervista a NPR, Jestin Coler, ex amministratore delegato del conglomerato di fake media Disinfomedia, ha raccontato chi scrive gli articoli di fake news, chi li finanzia e perché i creatori di fake news creano e distribuiscono informazioni false. Coler, che nel frattempo ha lasciato il suo ruolo di creatore di fake news, ha dichiarato che la sua azienda impiegava da 20 a 25 scrittori alla volta e guadagnava da 10.000 a 30.000 dollari al mese grazie alle pubblicità. Coler ha iniziato la sua carriera giornalistica come venditore di riviste prima di lavorare come scrittore freelance. Ha dichiarato di essere entrato nel settore delle fake news per dimostrare a se stesso e agli altri la rapidità con cui le notizie false possono diffondersi. Disinfomedia non è l'unica fonte responsabile della distribuzione delle fake news; gli utenti di Facebook svolgono un ruolo importante nell'alimentare le fake news rendendo "trend" le storie sensazionalizzate, secondo Craig Silverman, redattore di BuzzFeed media, e gli individui dietro Google AdSense finanziano sostanzialmente i siti web di fake news e i loro contenuti. Mark Zuckerberg, CEO di Facebook, ha dichiarato: "Penso che l'idea che le fake news su Facebook abbiano influenzato in qualche modo le elezioni sia un'idea piuttosto folle" e qualche giorno dopo ha scritto che Facebook stava cercando un modo per segnalare le fake news.

Molte fake news online pro-Trump provengono dalla città di Veles, in Macedonia, dove circa sette diverse organizzazioni di fake news impiegano centinaia di adolescenti per produrre e plagiare rapidamente storie sensazionalistiche per diverse aziende e partiti con sede negli Stati Uniti.

Kim LaCapria del sito di fact checking Snopes.com ha dichiarato che in America le fake news sono un fenomeno bipartisan, affermando che "c'è sempre stata la convinzione sincera ma errata che la disinformazione sia più rossa che blu in America, e questo non è mai stato vero". Jeff Green di Trade Desk concorda sul fatto che il fenomeno riguarda entrambe le parti. La società di Green ha scoperto che le persone benestanti e istruite tra i 40 e i 50 anni sono i principali consumatori di fake news. Ha detto a Scott Pelley di *60 Minutes* che questo pubblico tende a vivere in una "camera dell'eco" e che queste sono le persone che votano.

Nel 2014, il governo russo ha utilizzato la disinformazione attraverso reti come RT per creare una contro-narrazione dopo che i ribelli ucraini sostenuti dai russi avevano abbattuto il volo 17 della Malaysia Airlines. Nel 2016, la NATO ha dichiarato di aver registrato un aumento significativo della propaganda russa e delle notizie false dopo l'invasione della Crimea nel 2014. Le notizie false provenienti da funzionari del governo russo sono state diffuse a livello internazionale anche dall'agenzia di stampa Reuters e pubblicate sui siti web di notizie più popolari negli Stati Uniti.

Uno studio del 2018 dell'Università di Oxford ha rilevato che i sostenitori di Trump hanno consumato il "maggior volume di 'notizie spazzatura' su Facebook e Twitter":

Nel 2018, ricercatori dell'Università di Princeton, del Dartmouth College e dell'Università di Exeter hanno esaminato il consumo di fake news durante la campagna presidenziale statunitense del 2016. I loro risultati hanno mostrato che i sostenitori di Trump e gli americani più anziani (oltre i 60 anni) avevano molte più probabilità di consumare fake news rispetto ai sostenitori della Clinton. I più propensi a visitare siti web di fake news erano il 10% degli americani che consumavano le informazioni più conservatrici. C'era una differenza molto grande (800%) nel consumo di notizie false rispetto al consumo totale di notizie tra i sostenitori di Trump (6%) e i sostenitori della Clinton (1%).

Lo studio ha anche dimostrato che le notizie false pro-Trump e quelle false pro-Clinton sono state lette dai loro sostenitori, ma con una differenza significativa: I sostenitori di Trump ne hanno consumate molte di più (40%) rispetto ai sostenitori della Clinton (15%). Facebook è stato di gran lunga il principale sito web "gateway" in cui queste storie false sono state diffuse e che ha portato le persone ad andare sui siti web di notizie false. I consumatori hanno visto raramente i fact check delle fake news: nessuno di coloro che hanno visto una fake news è stato raggiunto da un fact check correlato.

Brendan Nyhan, uno dei ricercatori, ha dichiarato con enfasi in un'intervista a NBC News: "La gente ha ricevuto molta più disinformazione da Donald Trump che dai siti web di fake news - punto e basta".

Uno studio del 2019 condotto da ricercatori dell'Università di Princeton e di New York ha rilevato che la probabilità di condividere articoli di fake news è più correlata all'età che all'istruzione, al sesso o alle opinioni politiche. L'11% degli utenti di età superiore ai 65 anni ha condiviso un articolo coerente con la definizione di fake news fornita dallo studio. Solo il 3% degli utenti tra i 18 e i 29 anni ha fatto lo stesso.

Un altro problema dei media mainstream è l'uso della filter bubble, una "bolla" che è stata creata per dare allo spettatore, sulle piattaforme dei social media, una parte specifica dell'informazione sapendo che gli piacerà. In questo modo si creano fake news e notizie distorte perché viene condivisa solo metà della storia, la parte che è piaciuta allo spettatore. "Nel 1996, Nicolas Negroponte ha previsto un mondo in cui le tecnologie dell'informazione diventeranno sempre più personalizzabili".

Argomenti speciali

Falsi profondi

I **deepfakes** (un portmanteau di "deep learning" e "fake") sono media sintetici (media generati dall'intelligenza artificiale) in cui una persona in un'immagine o in un video esistente viene sostituita con l'immagine di qualcun altro.

Poiché un'immagine ha spesso un impatto maggiore delle parole corrispondenti, i deepfake - che sfruttano potenti tecniche di apprendimento automatico e intelligenza artificiale per manipolare o generare contenuti visivi e audio - hanno un potenziale di inganno particolarmente elevato. I principali metodi di apprendimento automatico utilizzati per creare deepfakes si basano sul deep learning e prevedono l'addestramento di architetture di reti neurali generative, come gli autoencoder o le reti generative avversarie (GAN).

I deepfakes hanno suscitato un'ampia attenzione per il loro utilizzo nella creazione di fake news (soprattutto politiche), ma anche di materiale pedopornografico, video pornografici di celebrità, revenge porn, bufale, bullismo e frodi finanziarie. Ciò ha suscitato risposte da parte dell'industria e del governo per individuare e limitare il loro uso.

Bot sui social media

A metà degli anni Novanta, Nicolas Negroponte ha anticipato un mondo in cui le notizie attraverso la tecnologia diventano progressivamente personalizzate. Nel suo libro *Being Digital* del 1996 ha previsto una vita digitale in cui il consumo di notizie sarebbe diventato un'esperienza estremamente personalizzata e i giornali avrebbero adattato i contenuti alle preferenze dei lettori. Questa previsione si è poi riflessa nelle notizie e nei feed dei social media dei giorni nostri.

I bot hanno il potenziale per aumentare la diffusione delle fake news, in quanto utilizzano algoritmi per decidere quali articoli e informazioni piacciono a determinati utenti, senza tenere conto dell'autenticità di un articolo. I bot producono e diffondono in massa articoli, indipendentemente dalla credibilità delle fonti, consentendo loro di svolgere un ruolo essenziale nella diffusione di massa delle fake news, in quanto i bot sono in grado di creare falsi account e personalità sul web che poi guadagnano follower, riconoscimento e autorità. Inoltre, quasi il 30% dello spam e dei contenuti diffusi su Internet proviene da questi software bot.

Nel XXI secolo, la capacità di ingannare è stata potenziata dall'uso diffuso dei social media. Ad esempio, un sito web del XXI secolo che ha permesso la proliferazione delle fake news è stato il newsfeed di Facebook. Alla fine del 2016 le fake news hanno acquisito notorietà in seguito all'aumento delle notizie contenute in questo mezzo e alla loro prevalenza sul sito di micro-blogging Twitter. Negli Stati Uniti, il 62% degli americani utilizza i social media per ricevere notizie. Molte persone utilizzano il News Feed di Facebook per ottenere notizie, nonostante Facebook non sia considerato un sito di notizie. Secondo Craig McClain, oltre il 66% degli utenti di Facebook ottiene notizie dal sito. Questo, insieme alla crescente polarizzazione politica e alle bolle di filtraggio, ha portato alla tendenza dei lettori a leggere principalmente i titoli.

Numerosi individui e organi di informazione hanno dichiarato che le fake news potrebbero aver influenzato l'esito delle elezioni presidenziali americane del 2016. Le fake news hanno registrato un numero di condivisioni più elevato su Facebook rispetto alle notizie legittime, il che, secondo gli analisti, è dovuto al fatto che le fake news spesso assecondano le aspettative o sono comunque più eccitanti delle notizie legittime. Facebook stesso ha inizialmente negato questa caratterizzazione. Un sondaggio di Pew Research condotto nel dicembre 2016 ha rilevato che il 64% degli adulti statunitensi riteneva che le notizie completamente inventate avessero causato "molta confusione" sui fatti fondamentali dell'attualità, mentre il 24% sosteneva che avessero causato "un po' di confusione" e l'11% che avessero causato "poca o nessuna confusione". Inoltre, il 23% degli intervistati ha ammesso di aver condiviso personalmente fake news, consapevolmente o meno. I ricercatori di Stanford hanno valutato che solo l'8% dei lettori di fake news ricordava e credeva nel contenuto che stava leggendo, anche se la stessa percentuale di lettori ricordava e credeva anche ai "placebo", ovvero alle storie che non avevano effettivamente letto, ma che erano state prodotte dagli autori dello studio. In confronto, oltre il 50% dei partecipanti ha ricordato di aver letto e creduto a notizie vere.

Nell'agosto del 2017 Facebook ha smesso di usare il termine "fake news" e al suo posto ha utilizzato "notizie false". Will Oremus di *Slate* ha scritto che, poiché i sostenitori del presidente degli Stati Uniti Donald Trump avevano ridefinito la parola "fake news" per riferirsi ai media mainstream a loro avversi, "ha senso che Facebook e altri cedano il termine ai troll di destra che lo hanno rivendicato come proprio".

Una ricerca della Northwestern University ha concluso che il 30% di tutto il traffico di fake news, contro solo l'8% del traffico di notizie reali, può essere ricondotto a Facebook. La ricerca ha concluso che i consumatori di fake news non esistono in una bolla di filtraggio; molti di loro consumano anche notizie reali da fonti di notizie consolidate. Il pubblico delle fake news è solo il 10% di quello delle notizie reali e la maggior parte dei consumatori di fake news ha trascorso una quantità di tempo relativamente simile a quella dei consumatori di notizie reali, con l'eccezione dei lettori di Drudge Report, che hanno trascorso oltre 11 volte più tempo a leggere il sito web rispetto agli altri utenti.

Sulla scia degli eventi occidentali, il cinese Ren Xianling della Cyberspace Administration of China ha suggerito di implementare un sistema di "premi e punizioni" per evitare le fake news.

Troll di Internet

Nel gergo di Internet, un troll è una persona che semina zizzania su Internet, provocando discussioni o turbando le persone, pubblicando messaggi infiammatori, estranei o fuori tema in una comunità online (come un newsgroup, un forum, una chat room o un blog) con l'intento di provocare i lettori in una risposta emotiva o in una discussione fuori tema, spesso per il divertimento del troll stesso. I troll di Internet si nutrono anche di attenzione.

L'idea dei troll di Internet ha acquisito popolarità negli anni '90, ma il suo significato è cambiato nel 2011. Mentre un tempo indicava la provocazione, oggi è un termine ampiamente utilizzato per indicare l'abuso e l'uso improprio di Internet. Il trolling si presenta in varie forme e può essere suddiviso in trolling di abuso, trolling di intrattenimento, trolling classico, flame trolling, trolling anonimo e trolling di complimenti. È strettamente legato alle fake news, in quanto i troll di Internet sono ora ampiamente interpretati come autori di informazioni false, informazioni che spesso possono essere trasmesse inconsapevolmente dai giornalisti e dal pubblico.

Quando interagiscono tra loro, i troll spesso condividono informazioni fuorvianti che contribuiscono alle fake news diffuse su siti come Twitter e Facebook. Nelle elezioni americane del 2016, la Russia ha pagato oltre 1.000 troll di Internet per far circolare fake news e disinformazione su Hillary Clinton; hanno anche creato account sui social media che assomigliavano a elettori in importanti swing states, diffondendo posizioni politiche influenti. Nel febbraio 2019, Glenn Greenwald ha scritto che una società di cybersicurezza, la New Knowledge, "è stata beccata appena sei settimane fa mentre si impegnava in una massiccia truffa per creare account fittizi di troll russi su Facebook e Twitter, al fine di affermare che il Cremlino stava lavorando per sconfiggere il candidato democratico al Senato Doug Jones in Alabama".

Bufale di notizie false

Paul Horner è forse l'esempio più noto di persona che crea deliberatamente notizie false per uno scopo. L'Associated Press e il *Chicago Tribune lo hanno* definito un "artista della bufala". *L'Huffington Post ha* definito Horner un "artista della performance".

Horner è stato l'artefice di diverse bufale diffuse come: (1) che l'artista di graffiti Banksy fosse stato arrestato e (2) che avesse avuto un "enorme impatto" sulle elezioni presidenziali americane del 2016, secondo CBS News. Queste storie sono apparse costantemente tra i primi risultati di ricerca di Google, sono state ampiamente condivise su Facebook, sono state prese sul serio e condivise da terzi come il manager della campagna presidenziale di Trump Corey Lewandowski, Eric Trump, ABC News e Fox News Channel. Horner ha poi affermato che il suo lavoro in questo periodo era finalizzato a "far sembrare i sostenitori di Trump degli idioti per aver condiviso le mie storie".

In un'intervista del novembre 2016 al *Washington Post*, Horner ha espresso rammarico per il ruolo che le sue fake news hanno avuto nelle elezioni e sorpresa per la credulità con cui le persone hanno trattato le sue storie come notizie. Nel febbraio 2017 Horner ha dichiarato: "Mi pento davvero del mio commento secondo cui penso che Donald Trump sia alla Casa Bianca per colpa mia. So che tutto ciò che ho fatto è stato attaccare lui e i suoi sostenitori e far sì che la gente non votasse per lui. Quando ho detto quel commento era perché ero confuso su come quest'uomo malvagio fosse stato eletto Presidente e ho pensato che forse, invece di danneggiare la sua campagna, l'avevo aiutata. La mia intenzione era quella di far sì che i suoi sostenitori non votassero per lui e so per certo di aver raggiunto l'obiettivo. L'estrema destra, molti sostenitori della Bibbia e dell'alt-right lo avrebbero votato comunque, ma so di aver influenzato molti di quelli che erano indecisi".

Nel 2017, Horner ha dichiarato che una sua falsa storia su un festival dello stupro in India ha contribuito a generare oltre 250.000 dollari di donazioni a GiveIndia, un sito che aiuta le vittime di stupro in India.

Horner ha dichiarato di non gradire di essere raggruppato con persone che scrivono fake news solo per essere fuorvianti. "Le scrivono solo per scrivere fake news, senza alcuno scopo, senza satira, senza alcuna intelligenza".

L'uso improprio del termine da parte di Donald Trump

Il termine "fake news" è stato talvolta utilizzato per mettere in dubbio notizie credibili e l'ex presidente degli Stati Uniti Donald Trump è stato accreditato di aver reso popolare e utilizzato impropriamente il termine per riferirsi a qualsiasi copertura negativa della stampa che non gli piace, indipendentemente dalla veridicità. Trump ha affermato che i principali media americani riportano regolarmente "fake news" o "notizie bufala", nonostante il fatto che egli stesso abbia generato numerose dichiarazioni false, imprecise o fuorvianti. Secondo il database del Fact Checker *del Washington Post*, Trump ha fatto 30.573 affermazioni false o fuorvianti durante i suoi quattro anni di mandato, anche se questo totale è gonfiato perché molte delle sue principali affermazioni false sono state ripetute centinaia di volte ciascuna. Per ogni affermazione falsa documentata è disponibile un database online consultabile e un file di dati da scaricare per l'utilizzo negli studi accademici sulla disinformazione e la menzogna. Un'analisi delle prime 16.000 affermazioni false è disponibile come libro.

Trump ha spesso attaccato le testate giornalistiche tradizionali, definendole "fake news" e "nemiche del popolo". Ogni pochi giorni, Trump ha minacciato la stampa a causa delle sue affermazioni sulle "fake news". Ci sono stati molti casi in cui le norme che proteggono la libertà di stampa sono state messe in discussione o addirittura stravolte durante l'era Trump.

Secondo Jeff Hemsley, professore della Syracuse University che studia i social media, Trump usa questo termine per tutte le notizie che non gli sono favorevoli o che semplicemente non gli piacciono. Trump ha fornito un esempio ampiamente citato di questa interpretazione in un tweet del 9 maggio 2018:

Chris Cillizza ha descritto il tweet sulla CNN come una rivelazione "accidentale" sugli attacchi di Trump alle "fake news" e ha scritto: "Il punto può essere riassunto in queste due parole di Trump: 'negative (Fake)'. Per Trump, queste parole significano la stessa cosa. La copertura negativa delle notizie è una fake news. Le fake news sono notizie negative". Altri scrittori hanno fatto commenti simili sul tweet. Dara Lind ha scritto su Vox: "È bello che Trump ammetta esplicitamente ciò che molti scettici hanno sempre sospettato: Quando si lamenta delle 'fake news', in realtà non intende 'notizie non vere', ma notizie che sono personalmente scomode per Donald Trump".

Jonathan Chait ha scritto sul *New York* Magazine: "Trump ammette di definire 'false' tutte le notizie negative": "In un tweet di questa mattina, Trump ha aperto casualmente una finestra sul codice sorgente del suo metodo per identificare la parzialità dei media liberali. Tutto ciò che è negativo è, per definizione, falso". Philip Bump ha scritto sul *Washington Post*: "La cosa importante di questo tweet... è che rende esplicito il suo punto di vista su ciò che costituisce una fake news. È una notizia negativa. Negative. (Fake.)" In un'intervista con Lesley Stahl, prima che si accendessero le telecamere, Trump ha spiegato perché attacca la stampa: "Sapete perché lo faccio? Lo faccio per screditare tutti voi e sminuirvi in modo che quando scriverete storie negative su di me nessuno vi crederà".

La scrittrice e critica letteraria Michiko Kakutani ha descritto gli sviluppi dei media e dei siti web di destra:

Nel settembre 2018, la National Public Radio ha osservato che Trump ha esteso l'uso dei termini "falso" e "fasullo" a "una varietà sempre più ampia di cose che non gli piacciono": "Anche la gamma di cose che Trump dichiara false sta crescendo. Il mese scorso ha twittato di "libri falsi", "dossier falsi", "CNN falsa" e ha aggiunto una nuova affermazione: i risultati di ricerca di Google sono "truccati" per mostrare solo storie negative su di lui". Hanno tracciato un grafico del suo uso crescente in colonne etichettate: "Fake news", "Fake (altro) e "Phony".

Per paese

Europa

Austria

I politici austriaci hanno affrontato l'impatto delle fake news e della loro diffusione sui social media dopo la campagna presidenziale del 2016 nel Paese. Nel dicembre 2016, un tribunale austriaco ha emesso un'ingiunzione nei confronti di Facebook Europe, obbligandola a bloccare i post negativi relativi a Eva Glawischnig-Piesczek, presidente del Partito Verde austriaco. Secondo il *Washington Post*, i post su Facebook che la riguardavano "sembravano essere stati diffusi tramite un profilo falso" e rivolgevano epiteti sprezzanti nei confronti della politica austriaca. I post dispregiativi sono stati probabilmente creati dallo stesso profilo falso che era stato precedentemente utilizzato per attaccare Alexander van der Bellen, che aveva vinto le elezioni per la presidenza dell'Austria.

Belgio

Nel 2006, l'emittente francofona RTBF ha mostrato una notizia speciale fittizia secondo cui la regione fiamminga del Belgio aveva proclamato l'indipendenza. Per dare credito alla notizia, sono state inscenate riprese dell'evacuazione della famiglia reale e dell'ammainamento della bandiera belga da un'asta. Solo dopo 30 minuti è apparso sullo schermo un cartello con la scritta "Fiction". Il giornalista di RTBF che ha creato la bufala ha detto che lo scopo era quello di dimostrare l'entità della situazione del Paese e se una spartizione del Belgio fosse realmente avvenuta.

Repubblica Ceca

I punti vendita di fake news nella Repubblica Ceca ridistribuiscono notizie in ceco e in inglese originariamente prodotte da fonti russe. Il presidente ceco Miloš Zeman ha sostenuto i media accusati di diffondere fake news.

Il *Centro contro il terrorismo e le minacce ibride* (CTHH) è un'unità del Ministero dell'Interno della Repubblica Ceca che si occupa principalmente di contrastare la disinformazione, le fake news, le bufale e la propaganda straniera. Il CTHH è entrato in funzione il 1° gennaio 2017. Il CTHH è stato criticato dal presidente ceco Miloš Zeman, che ha dichiarato: "Non abbiamo bisogno di censura. Non abbiamo bisogno di una polizia del pensiero. Non abbiamo bisogno di una nuova agenzia per la stampa e l'informazione finché vogliamo vivere in una società libera e democratica".

Nel 2017 gli attivisti dei media hanno dato vita al sito web Konspiratori.cz, che contiene un elenco di organi di stampa cospirativi e di fake news in lingua ceca.

Finlandia

I funzionari di 11 Paesi si sono incontrati a Helsinki nel novembre 2016 e hanno pianificato la formazione di un centro per combattere la guerra informatica di disinformazione, che include la diffusione di fake news sui social media. Il centro dovrebbe avere sede a Helsinki e unire gli sforzi di 10 Paesi, tra cui Svezia, Germania, Finlandia e Stati Uniti. Il Primo Ministro finlandese dal 2015 al 2019 Juha Sipilä ha previsto di affrontare il tema del centro nella primavera del 2017 con una mozione al Parlamento.

Il vicesegretario di Stato per gli Affari UE Jori Arvonen ha dichiarato che la guerra informatica, come le intrusioni ibride di guerra informatica in Finlandia da parte della Russia e dello Stato Islamico, è diventata un problema crescente nel 2016. Arvonen ha citato esempi come le fake news online, la disinformazione e gli "omini verdi" della guerra russo-ucraina.

Francia

Nel decennio precedente al 2016, la Francia è stata testimone di un aumento di popolarità delle fonti di notizie alternative di estrema destra, chiamate *fachosfera* ("facho", che sta per fascista); nota come estrema destra su Internet. Secondo il sociologo Antoine Bevort, citando i dati delle classifiche Internet di Alexa, i siti web politici più consultati in Francia nel 2016 includevano *Égalité et Réconciliation, François Desouche* e *Les Moutons Enragés*. Questi siti hanno aumentato lo scetticismo nei confronti dei media tradizionali sia da sinistra che da destra.

Nel settembre 2016, il Paese ha affrontato una controversia riguardante i siti web falsi che forniscono informazioni false sull'aborto. L'Assemblea nazionale ha avanzato l'intenzione di vietare tali siti falsi. Laurence Rossignol, ministro delle donne francese, ha informato il parlamento che, sebbene i siti falsi sembrino neutrali, in realtà le loro intenzioni erano specificamente mirate a fornire alle donne informazioni false.

La Francia ha assistito a un'impennata delle quantità di disinformazione e propaganda, soprattutto nel bel mezzo dei cicli elettorali. Uno studio sulla diffusione delle notizie politiche durante il ciclo elettorale presidenziale del 2017 suggerisce che un link su quattro condiviso sui social media proviene da fonti che contestano attivamente le narrazioni dei media tradizionali. Facebook ha cancellato 30.000 account Facebook in Francia associati a false informazioni politiche.

Nell'aprile 2017, la campagna presidenziale di Emmanuel Macron è stata attaccata dagli articoli di fake news più delle campagne della candidata conservatrice Marine Le Pen e del candidato socialista. Uno dei falsi articoli annunciava addirittura che Marine Le Pen aveva vinto la presidenza prima ancora che il popolo francese avesse votato. Le e-mail professionali e private di Macron, così come i promemoria, i contratti e i documenti contabili sono stati pubblicati su un sito web di condivisione di file. I documenti trapelati sono stati mescolati con quelli falsi sui social media nel tentativo di influenzare le imminenti elezioni presidenziali. Macron ha dichiarato che avrebbe combattuto le fake news diffuse durante la sua campagna elettorale.

Inizialmente la fuga di notizie era stata attribuita all'APT28, un gruppo legato alla direzione dell'intelligence militare russa GRU. Tuttavia, il capo dell'agenzia francese per la sicurezza informatica, ANSSI, ha successivamente affermato che non vi è alcuna prova che l'hack che ha portato alle fughe di notizie abbia a che fare con la Russia, affermando che l'attacco era così semplice che "possiamo immaginare che sia stata una persona a farlo da sola. Potrebbe trovarsi in qualsiasi Paese".

Germania

La cancelliera tedesca Angela Merkel ha lamentato il problema delle notizie fraudolente in un discorso del novembre 2016, pochi giorni dopo aver annunciato la sua campagna per un quarto mandato alla guida del Paese. In un discorso al Parlamento tedesco, Merkel ha criticato questi siti falsi, affermando che danneggiano la discussione politica. Merkel ha richiamato l'attenzione sulla necessità che il governo si occupi di troll, bot e siti web di notizie false su Internet. Ha avvertito che questi siti di notizie fraudolente sono una forza che aumenta il potere dell'estremismo populista. La Merkel ha definito le notizie fraudolente un fenomeno in crescita che potrebbe dover essere regolamentato in futuro. Il capo dell'agenzia di intelligence estera tedesca, il Federal Intelligence Service, Bruno Kahl, ha avvertito del potenziale di attacchi informatici da parte della Russia nelle elezioni tedesche del 2017. Ha detto che i cyberattacchi avrebbero assunto la forma di diffusione intenzionale di disinformazione. Kahl ha affermato che l'obiettivo è aumentare il caos nei dibattiti politici. Il capo dell'agenzia di intelligence nazionale tedesca, l'Ufficio federale per la protezione della Costituzione, Hans-Georg Maassen, ha dichiarato che il sabotaggio da parte dell'intelligence russa è una minaccia attuale per la sicurezza informatica tedesca. I funzionari del governo tedesco e gli esperti di sicurezza hanno poi affermato che non c'è stata alcuna interferenza russa durante le elezioni federali tedesche del 2017. Il termine tedesco *Lügenpresse*, o stampa bugiarda, è stato utilizzato fin dal XIX secolo e in particolare durante la Prima guerra mondiale come strategia per attaccare le notizie diffuse dagli avversari politici del XIX e XX secolo.

Il pluripremiato giornalista tedesco Claas Relotius si è dimesso da *Der Spiegel* nel 2018 dopo aver ammesso numerosi casi di frode giornalistica.

All'inizio di aprile 2020, il politico berlinese Andreas Geisel ha affermato che una spedizione di 200.000 mascherine N95 ordinate dallo stabilimento cinese del produttore americano 3M è stata intercettata a Bangkok e dirottata verso gli Stati Uniti durante la pandemia COVID-19. Il presidente della polizia di Berlino, Barbara Slowik, ha dichiarato di ritenere che "ciò sia legato al divieto di esportazione del governo statunitense". Tuttavia, la polizia di Berlino ha confermato che il carico non è stato sequestrato dalle autorità statunitensi, ma che è stato semplicemente acquistato a un prezzo migliore, che si ritiene provenga da un rivenditore tedesco o dalla Cina. Questa rivelazione ha indignato l'opposizione berlinese, il cui capogruppo parlamentare della CDU Burkard Dregger ha accusato Geisel di aver "deliberatamente ingannato i berlinesi" per "coprire la propria incapacità di ottenere l'equipaggiamento protettivo". Marcel Luthe, esperto di interni dell'FDP, ha dichiarato: "Grandi nomi della politica internazionale come il senatore berlinese Geisel danno la colpa ad altri e raccontano la pirateria statunitense per servire i luoghi comuni antiamericani". *Politico Europe* ha riferito che "i berlinesi stanno prendendo una pagina direttamente dal playbook di Trump e non lasciano che i fatti ostacolino una buona storia".

Ungheria

Il primo ministro ungherese, illiberale e populista, Viktor Orbán, ha dipinto George Soros, finanziere e filantropo, sopravvissuto all'Olocausto e nato in Ungheria, come la mente di un complotto per minare la sovranità del Paese, sostituire gli ungheresi autoctoni con gli immigrati e distruggere i valori tradizionali. Questa tecnica propagandistica, insieme all'antisemitismo ancora presente nel Paese, sembra piacere ai suoi elettori di destra, in quanto li mobilita seminando la paura nella società, creando un'immagine del nemico e permettendo a Orbán di presentarsi come il protettore della nazione dall'illusione di questo nemico.

Paesi Bassi

Nel marzo 2018, la Task Force East StratCom dell'Unione Europea ha compilato una lista soprannominata "hall of shame" di articoli con sospetti tentativi del Cremlino di influenzare le decisioni politiche. Tuttavia, sono sorte polemiche quando tre media olandesi hanno sostenuto di essere stati ingiustamente individuati a causa di citazioni attribuite a persone con opinioni non mainstream. Si tratta di ThePostOnline, *GeenStijl* e *De Gelderlander*. Tutte e tre le testate sono state segnalate per aver pubblicato articoli critici nei confronti delle politiche ucraine, e nessuna ha ricevuto alcun preavviso o possibilità di appello in anticipo. Questo incidente ha contribuito a far crescere la questione di ciò che definisce le notizie false e di come le libertà di stampa e di parola possano essere protette durante i tentativi di arginare la diffusione di notizie false.

Polonia

Lo storico polacco Jerzy Targalski ha notato che i siti web di fake news si sono infiltrati in Polonia attraverso fonti anti-establishment e di destra che hanno copiato i contenuti di *Russia Today*. Targalski ha osservato che in Polonia esistono circa 20 siti web specifici di fake news che diffondono la disinformazione russa sotto forma di notizie false. Un esempio citato è la fake news secondo cui l'Ucraina avrebbe annunciato la città polacca di Przemyśl come terra polacca occupata.

Il governo polacco anti-UE di Diritto e Giustizia (PiS) è stato accusato di diffondere "disinformazione illiberale" per minare la fiducia dei cittadini nell'Unione Europea. Maria Snegovaya della Columbia University ha dichiarato: "Le vere origini di questo fenomeno sono locali. Le politiche di Fidesz e di Diritto e Giustizia hanno molto in comune con quelle di Putin".

Alcuni canali mainstream sono stati a lungo accusati di fabbricare informazioni mezze vere o del tutto false. Una delle stazioni televisive più popolari, TVN, nel 2010 ha attribuito a Jarosław Kaczyński (all'epoca leader dell'opposizione) le parole che "ci saranno momenti in cui i veri polacchi andranno al potere". Tuttavia, Kaczyński non ha mai pronunciato queste parole nel discorso commentato.

Romania

Il 16 marzo 2020, il presidente rumeno Klaus Iohannis ha firmato un decreto d'emergenza, dando alle autorità il potere di rimuovere, segnalare o chiudere i siti web che diffondono "fake news" sulla pandemia COVID-19, senza possibilità di appello.

Russia

Nel marzo 2019, la Russia ha approvato una nuova legge per vietare ai siti web di diffondere informazioni false. Oltre a contrastare le fake news, la nuova legislazione punisce specificamente le fonti o i siti web che pubblicano materiali che insultano lo Stato, il simbolo del governo o altre figure politiche. Per i recidivi è prevista una pena detentiva di 15 giorni.

Durante l'invasione russa dell'Ucraina del 2022, il governo russo ha approvato una legge che vieta le "fake news" riguardanti le forze armate russe, definite in senso lato come qualsiasi informazione ritenuta falsa dal governo russo, compreso l'uso dei termini *invasione* e *guerra* per riferirsi all'invasione. Le violazioni della legge sono punibili con una pena detentiva fino a 15 anni. Le organizzazioni giornalistiche internazionali di diversi Paesi hanno cessato di operare in Russia e i giornalisti sono emigrati in massa dalla Russia dopo l'approvazione della legge, mentre alcune organizzazioni giornalistiche nazionali non statali sono state bloccate dal governo russo.

Serbia

Nel 2018, l'International Research & Exchanges Board ha descritto la situazione dei media in Serbia come la peggiore della storia recente, e che l'indice di sostenibilità dei media è sceso a causa dei media più polarizzati in quasi 20 anni, dell'aumento delle fake news e della pressione editoriale sui media. Secondo il portale serbo di giornalismo investigativo *Crime and Corruption Reporting Network*, nel corso del

2018 sono state pubblicate più di 700 fake news sulle prime pagine dei tabloid filogovernativi. Molte di esse riguardavano presunti attacchi al presidente Aleksandar Vučić e tentativi di colpo di Stato, nonché messaggi di sostegno a Vladimir Putin. Il giornale più venduto in Serbia è il tabloid filogovernativo *Informer*, che il più delle volte presenta Vučić come una persona potente sotto costante attacco, con contenuti antieuropei e retorica a favore della guerra. Da quando il partito di Vučić è salito al potere, la Serbia ha visto un'impennata di troll su Internet e di pagine sui social network che lodano il governo e attaccano i suoi critici, i media liberi e l'opposizione in generale. Questo include una manciata di dipendenti dedicati che gestiscono account falsi, ma anche la pagina Facebook associata a un franchising serbo del sito web di estrema destra Breitbart News, la cui accuratezza è contestata.

Spagna

Le fake news in Spagna sono diventate molto più diffuse negli anni 2010, ma sono state importanti nel corso della storia del Paese. Il governo degli Stati Uniti ha pubblicato un articolo falso sull'acquisto delle Filippine dalla Spagna, che aveva già acquistato. Ciononostante, il tema delle fake news non è stato tradizionalmente oggetto di grande attenzione in Spagna, fino a quando il quotidiano *El País* ha lanciato un nuovo blog dedicato esclusivamente alle notizie veritiere, intitolato "Hechos", che in spagnolo si traduce letteralmente con "fatti". David Alandete, direttore di *El País*, ha dichiarato che molte persone interpretano erroneamente le fake news come vere perché i siti "hanno nomi, tipografia, layout simili e sono deliberatamente confusi". Alandete ha dichiarato che la nuova missione di *El País* è "rispondere alle fake news". María Ramírez di Univision Communications ha dichiarato che molte delle fake news politiche che circolano in Spagna sono dovute alla mancanza di giornalismo d'inchiesta su questi argomenti. Recentemente *El País* ha creato una posizione di fact-checking per cinque dipendenti, per cercare di sfatare le fake news diffuse.

Svezia

Nel 2015 il Servizio di sicurezza svedese ha pubblicato un rapporto che identificava la propaganda proveniente dalla Russia infiltrata in Svezia con l'obiettivo di amplificare la propaganda filorussa e infiammare i conflitti sociali. L'Agenzia svedese per le emergenze civili (MSB), parte del Ministero della Difesa svedese, nel 2016 ha identificato notizie false che avevano come obiettivo la Svezia e che provenivano dalla Russia. Il funzionario dell'Agenzia svedese per le emergenze civili Mikael

Tofvesson ha dichiarato che è emerso uno schema in cui le opinioni critiche nei confronti della Svezia venivano ripetute costantemente. *Il locale ha* identificato queste tattiche come una forma di guerra psicologica. Il giornale ha riferito che l'MSB ha identificato *Russia Today* e *Sputnik News* come importanti fornitori di fake news. A seguito della crescita di questa propaganda in Svezia, l'MSB ha pianificato l'assunzione di altri sei funzionari di sicurezza per contrastare la campagna di informazioni fraudolente.

Secondo l'Oxford Internet Institute, otto delle 10 principali fonti di "junk news" durante la campagna elettorale svedese del 2018 erano svedesi e "le fonti russe comprendevano meno dell'1% del numero totale di URL condivisi nel campione di dati".

Ucraina

Sin dall'Euromaidan e dall'inizio della crisi ucraina nel 2014, i media ucraini hanno fatto circolare diverse fake news e immagini fuorvianti, tra cui la foto di un ribelle morto con un tatuaggio dipinto con Photoshop che avrebbe indicato l'appartenenza alle forze speciali russe e la minaccia di un attacco nucleare russo contro le truppe ucraine. Il tema ricorrente di queste fake news era che la Russia fosse l'unica responsabile della crisi e della guerra nel Donbass.

Nel 2015 l'Organizzazione per la sicurezza e la cooperazione in Europa ha pubblicato un rapporto che criticava le campagne di disinformazione russe volte a disturbare le relazioni tra Europa e Ucraina dopo la cacciata di Viktor Yanukovych. Secondo *Deutsche Welle*, tattiche simili sono state utilizzate dai siti web di fake news durante le elezioni statunitensi. Un sito web, StopFake, è stato creato da attivisti ucraini nel 2014 per smontare le fake news in Ucraina, compresa la rappresentazione della crisi ucraina da parte dei media.

Il 29 maggio 2018, i media ucraini e i funzionari statali hanno annunciato che il giornalista russo Arkady Babchenko era stato assassinato nel suo appartamento a Kiev. In seguito, Babchenko è apparso vivo e il Servizio di sicurezza ucraino ha affermato che la messinscena è stata necessaria per arrestare una persona che presumibilmente stava pianificando un vero omicidio. Alexander Baunov, scrivendo per Carnegie.ru, ha affermato che la messinscena dell'assassinio di Babchenko è stato il primo caso di fake news diffuse direttamente dai più alti funzionari di uno Stato.

Regno Unito

Sotto il re Edoardo I d'Inghilterra (1272-1307) "'fu approvato uno statuto che rendeva un grave reato l'ideazione o la diffusione di notizie false su prelati, duchi, conti, baroni o nobili del regno'".

Nel 1702 la regina Anna d'Inghilterra emanò un proclama "per limitare la diffusione di notizie false, la stampa e la pubblicazione di documenti e libelli irreligiosi e sediziosi".

L'8 dicembre 2016, il capo dei servizi segreti (MI6) Alex Younger ha tenuto un discorso ai giornalisti presso la sede dell'MI6 in cui ha definito le fake news e la propaganda dannose per la democrazia. Younger ha affermato che la missione dell'MI6 è quella di combattere la propaganda e le fake news per fornire al suo governo un vantaggio strategico nell'arena della guerra dell'informazione e per assistere altre nazioni, compresa l'Europa. Ha definito questi metodi di propaganda online delle fake news una "minaccia fondamentale alla nostra sovranità". Younger ha detto che tutte le nazioni che hanno valori democratici dovrebbero provare la stessa preoccupazione per le fake news.

Tuttavia, le definizioni di "fake news" sono state controverse nel Regno Unito. La dottoressa Claire Wardle ha sconsigliato ad alcuni parlamentari britannici di utilizzare il termine in alcune circostanze "quando si descrive la complessità del disordine dell'informazione", in quanto il termine "fake news" è "tristemente inadeguato":

Né le parole "fake" né "news" colgono efficacemente questo ecosistema informativo inquinato. Molti dei contenuti usati come esempio nei dibattiti su questo tema non sono falsi, sono autentici ma usati fuori contesto o manipolati. Allo stesso modo, per comprendere l'intero ecosistema dell'informazione inquinata, dobbiamo considerare molto di più dei contenuti che imitano le "notizie".

Nell'ottobre 2020, un'affermazione bufala fatta da un account Twitter parodia, sulla presunta riapertura dei negozi Woolworths, è stata ripetuta senza verifica da siti di notizie tra cui il Daily Mail e il Daily Mirror (e le testate regionali gemelle di quest'ultimo).

Asia

Cina

Le fake news durante le elezioni americane del 2016 si sono diffuse in Cina. Gli articoli diffusi negli Stati Uniti sono stati tradotti in cinese e diffusi in Cina. Il governo cinese ha utilizzato il crescente problema delle fake news come motivazione per aumentare la censura su Internet nel novembre 2016. La Cina ha quindi pubblicato un editoriale sul quotidiano del Partito Comunista *The Global Times* intitolato: "La crociata dei media occidentali contro Facebook", e ha criticato i problemi politici "imprevedibili" posti dalle libertà di cui godono gli utenti di Twitter, Google e Facebook. I leader del governo cinese, riuniti a Wuzhen in occasione della terza Conferenza mondiale su Internet nel novembre 2016, hanno affermato che le fake news nelle elezioni statunitensi giustificano l'aggiunta di ulteriori restrizioni all'uso libero e aperto di Internet. Il viceministro cinese Ren Xianliang, funzionario della Cyberspace Administration of China, ha affermato che l'aumento della partecipazione online ha portato a "informazioni dannose" e frodi. Kam Chow Wong, ex funzionario delle forze dell'ordine di Hong Kong e professore di giustizia penale alla Xavier University, ha elogiato i tentativi degli Stati Uniti di pattugliare i social media. *Il Wall Street Journal* ha osservato che i temi della censura di Internet da parte della Cina sono diventati più rilevanti alla Conferenza mondiale su Internet a causa della diffusione delle fake news.

La questione delle fake news nelle elezioni statunitensi del 2016 ha dato al governo cinese un motivo per criticare ulteriormente la democrazia e la libertà di stampa occidentali. Il governo cinese ha accusato le organizzazioni mediatiche occidentali di parzialità, in una mossa apparentemente ispirata dal presidente Trump.

Nel marzo 2017, il *Quotidiano del Popolo*, un giornale gestito dal Partito Comunista Cinese al potere, ha denunciato la copertura giornalistica della tortura dell'avvocato cinese e difensore dei diritti umani Xie Yang, affermando che si trattava di una fake news. Il giornale ha pubblicato un post su Twitter in cui dichiarava che "le notizie riportate dai media stranieri secondo cui la polizia avrebbe torturato un avvocato detenuto sono FAKE NEWS, fabbricate per infangare l'immagine della Cina". L'agenzia di stampa statale Xinhua ha affermato che "le notizie erano essenzialmente false". Il governo cinese ha spesso accusato le organizzazioni giornalistiche occidentali di essere parziali e disoneste.

Il governo cinese ha anche affermato che ci sono persone che si spacciano per giornalisti e che diffondono informazioni negative sui social media per estorcere alle loro vittime il pagamento per smettere di farlo. David Bandurski del China Media Project dell'Università di Hong Kong ha affermato che il problema continua a peggiorare.

Hong Kong, Cina

Durante le proteste di Hong Kong del 2019-20, il governo cinese è stato accusato di aver utilizzato fake news per diffondere informazioni errate sulle proteste. Tra queste, la descrizione delle proteste come "disordini" e "radicali" che cercano l'indipendenza della città. A causa della censura online in Cina, i cittadini della Cina continentale non hanno potuto leggere le notizie di alcuni media. Inoltre, Facebook, Twitter e YouTube hanno scoperto che la disinformazione è stata diffusa con account falsi e pubblicità da parte dei media sostenuti dallo Stato. Un gran numero di account è stato sospeso.

Dot Dot News, un media online filo-Pechino con sede a Hong Kong, è stato bandito da Facebook in quanto ha distribuito fake news e discorsi di odio.

India

Le fake news in India hanno provocato incidenti violenti tra caste e religioni, interferendo con le politiche pubbliche. Spesso si diffondono attraverso il messenger istantaneo per smartphone WhatsApp, che a febbraio 2017 contava 200 milioni di utenti attivi mensili nel Paese.

Indonesia

Negli ultimi tempi, in Indonesia è aumentata la quantità di fake news che circolano sui social media. Il problema è sorto per la prima volta durante le elezioni presidenziali del 2014, quando il candidato vincitore Joko Widodo è stato oggetto di una campagna diffamatoria da parte dei sostenitori di Prabowo Subianto, che sostenevano falsamente che fosse figlio di membri del Partito Comunista Indonesiano, di origine cinese e cristiano. A differenza delle elezioni presidenziali statunitensi del 2016, in cui la condivisione di fake news ha determinato un maggior coinvolgimento sui social media rispetto alle notizie vere, infiammare le tensioni etniche e politiche potrebbe essere potenzialmente letale in Indonesia, con le sue recenti incidenze di terrorismo interno e la sua lunga e sanguinosa storia di pogrom anticomunisti, anticristiani e anticinesi coltivati dalla dittatura di destra sostenuta dagli Stati Uniti di

Suharto, che ha gestito il Paese per circa trent'anni. Suharto è stato anche il suocero di Prabowo negli ultimi 15 anni del regime. Il governo, i gruppi di vigilanza e persino le organizzazioni religiose hanno preso provvedimenti per impedirne la diffusione, come il blocco di alcuni siti web e la creazione di applicazioni per la verifica dei fatti. La più grande organizzazione islamica di massa in Indonesia, Nahdlatul Ulama, ha creato una campagna anti-fake news chiamata #TurnBackHoax, mentre altri gruppi islamici hanno definito tale propagazione come equivalente a un peccato. Sebbene il governo consideri la punizione penale come ultima risorsa, i funzionari stanno lavorando duramente per garantire che le forze dell'ordine rispettino la libertà di espressione.

La campagna di fake news è tornata a crescere in occasione delle elezioni presidenziali del 2019, che hanno visto in lizza gli stessi schieramenti dell'ultima volta. Da anni, la maggior parte delle fake news circolate in Indonesia riguardano il presunto imperialismo cinese (compresa la sinizzazione), la comunitarizzazione e la cristianizzazione.

Malesia

Nell'aprile 2018, la Malesia ha attuato l'Anti-Fake News Bill 2018, una legge controversa che considera la pubblicazione e la circolazione di informazioni fuorvianti come un reato punibile con una pena detentiva fino a sei anni e/o multe fino a 500.000 ringgit. Al momento dell'attuazione, il primo ministro del Paese era Najib Razak, i cui collaboratori sono stati collegati alla cattiva gestione di almeno 3,5 miliardi di dollari da un rapporto del Dipartimento di Giustizia degli Stati Uniti. Di questa somma di denaro, 731 milioni di dollari sono stati depositati su conti bancari controllati da Razak. La convergenza tra la legge sulle fake news e il legame di Razak con lo scandalo è stata chiarita dal ministro malese delle comunicazioni e del multimediale, Salleh Said Keruak, che ha affermato che legare Razak a una specifica somma di dollari potrebbe essere un reato perseguibile. Alle elezioni generali in Malesia del 2018, Najib Razak ha perso il posto di primo ministro a favore di Mahatir Mohammad, che in campagna elettorale ha giurato di abolire la legge sulle fake news, utilizzata per colpirlo. Dopo aver vinto le elezioni, il neo-primo ministro Mohammad ha dichiarato: "Anche se sosteniamo la libertà di stampa e di parola, ci sono dei limiti". A maggio 2018, Mohammad ha sostenuto la modifica della legge, piuttosto che la sua completa abolizione.

Paul Bernal, docente di informatica e tecnologia, teme che l'epidemia di fake news sia un "cavallo di Troia" per Paesi come la Malesia per "controllare le storie scomode". La vaghezza di questa legge significa che i satirici, gli opinionisti e i giornalisti che commettono errori potrebbero essere perseguitati. La legge rende illegale anche la condivisione di notizie false. In un caso, un uomo danese e un cittadino malese sono stati arrestati per aver pubblicato online notizie false e sono stati condannati a scontare un mese di carcere.

Myanmar (Birmania)

Nel 2015, BBC News ha riferito di storie false, utilizzando fotografie non correlate e didascalie fraudolente, condivise online a sostegno dei Rohingya. Le fake news hanno influenzato negativamente le persone in Myanmar, portando a un aumento della violenza contro i musulmani nel Paese. La partecipazione online è passata dall'1% al 20% della popolazione totale del Myanmar dal 2014 al 2016. Storie false provenienti da Facebook sono state ristampate in periodici cartacei intitolati *Facebook* e *Internet*. Le notizie false relative ai praticanti dell'Islam nel Paese sono state direttamente correlate all'aumento degli attacchi contro i musulmani in Myanmar. La giornalista di BuzzFeed Sheera Frenkel ha riferito che le fake news affermavano fittiziamente che i credenti dell'Islam avevano agito con violenza in luoghi buddisti. Ha documentato una relazione diretta tra le fake news e la violenza contro i musulmani. La Frenkel ha osservato che i Paesi relativamente meno esposti a Internet sono più vulnerabili ai problemi delle fake news e delle frodi.

Pakistan

Khawaja Muhammad Asif, ministro della Difesa del Pakistan, ha minacciato su Twitter di attaccare Israele con armi nucleari dopo una falsa notizia che sosteneva che Avigdor Lieberman, ministro della Difesa israeliano, avesse detto: "Se il Pakistan invia truppe di terra in Siria con qualsiasi pretesto, distruggeremo questo Paese con un attacco nucleare".

Filippine

I siti di fake news sono diventati un fenomeno dilagante per il pubblico filippino, soprattutto se condivisi sui social media. I politici hanno iniziato a presentare leggi per combattere le fake news e si sono tenute tre audizioni al Senato sull'argomento.

Anche la Chiesa cattolica delle Filippine ha diffuso una missiva in cui si esprime contro di essa.

Le ricerche di Vera Files alla fine del 2017 e del 2018 mostrano che le fake news più condivise nelle Filippine sembravano avvantaggiare maggiormente 2 persone: Il presidente Rodrigo Duterte (nonché i suoi alleati) e il politico Bongbong Marcos, con le notizie più virali guidate dalle condivisioni su reti di pagine Facebook. La maggior parte delle pagine Facebook e dei gruppi del pubblico filippino che diffondono disinformazione online riportano anche "Duterte", "Marcos" o "News" nel loro nome e sono a favore di Duterte. Anche la disinformazione online nelle Filippine è prevalentemente politica e la maggior parte attacca gruppi o individui critici nei confronti dell'amministrazione Duterte. Molti siti web di notizie false per il pubblico filippino sembrano essere controllati dagli stessi operatori, poiché condividono gli ID di Google AdSense e Google Analytics.

Secondo lo studioso di media Jonathan Corpus Ong, la campagna presidenziale di Duterte è considerata il paziente zero dell'attuale era della disinformazione, avendo preceduto l'ampia copertura globale dello scandalo Cambridge Analytica e dei troll russi. Le fake news sono così radicate e gravi nelle Filippine che anche Katie Harbath, direttore del Global Politics and Government Outreach di Facebook, le definisce "paziente zero" nell'epidemia globale di disinformazione, essendo avvenuta prima della Brexit, della candidatura di Trump e delle elezioni statunitensi del 2016.

Singapore

Singapore criminalizza la diffusione di fake news. Secondo la legge vigente, "chiunque trasmetta o faccia trasmettere un messaggio che sa essere falso o inventato è colpevole di un reato".

Il 18 marzo 2015, una schermata falsificata del sito web dell'Ufficio del Primo Ministro che affermava la scomparsa di Lee Kuan Yew è diventata virale e diverse agenzie di stampa internazionali come la CNN e la China Central Television l'hanno inizialmente riportata come notizia, fino a quando non è stata corretta dall'Ufficio del Primo Ministro. L'immagine è stata creata da uno studente per dimostrare ai suoi compagni di classe come le fake news possano essere facilmente create e diffuse. Nel 2017, il sito web di notizie di Singapore *Mothership.sg* è stato criticato dal Ministero dell'Istruzione (MOE) per aver diffuso commenti falsamente attribuiti a un funzionario del MOE. Inoltre, il ministro della Legge K Shanmugam ha indicato il sito web di notizie online *The States Times Review* come un esempio di fonte di fake news, in quanto una volta ha affermato che l'affluenza al funerale di Stato del presidente S. R. Nathan era prossima allo zero.

A seguito di questi incidenti, Shanmugam ha dichiarato che la legalizzazione esistente è limitata e inefficace e ha indicato che il governo intende introdurre una legislazione per combattere le fake news nel 2018. Nel 2017, il Ministero delle Comunicazioni e dell'Informazione ha creato *Factually*, un sito web destinato a sfatare le false voci su questioni di interesse pubblico come l'ambiente, gli alloggi e i trasporti, mentre nel 2018 il Parlamento di Singapore ha formato un comitato ristretto sulle falsità deliberate online per valutare una nuova legislazione per affrontare le fake news. Sulla base delle raccomandazioni del comitato ristretto, il governo di Singapore ha introdotto il Protection from Online Falsehoods and Manipulation Bill nell'aprile 2019,

I critici hanno sottolineato che questa legge potrebbe introdurre l'autocensura del governo e aumentare il controllo del governo sui social media. La piattaforma di attivisti *The Online Citizen ha* considerato la legislazione contro le fake news come un tentativo da parte del governo di frenare il libero flusso di informazioni in modo che solo le informazioni approvate dal governo vengano diffuse al pubblico. In un saggio online, l'attivista e storico Thum Ping Tjin ha negato che le fake news siano un problema a Singapore e ha accusato il governo del People's Action Party di essere l'unica fonte principale di notizie false, sostenendo che le detenzioni effettuate senza processo durante l'Operazione Coldstore e l'Operazione Spectrum erano basate su notizie false per il guadagno politico del partito. Facebook e Google si sono opposti all'introduzione della legge per combattere le fake news, sostenendo che la legislazione esistente è adeguata ad affrontare il problema e che un modo efficace per combattere la disinformazione è quello di educare i cittadini a distinguere le informazioni affidabili da quelle inaffidabili.

Il disegno di legge è stato approvato il 3 giugno 2019. A partire dal 2 ottobre 2019, la legge è progettata specificamente per consentire alle autorità di rispondere alle fake news o alle informazioni false attraverso un processo graduale di applicazione di link a dichiarazioni di fact-checking, censura di siti web o attività su piattaforme di social media e accuse penali. Dall'introduzione della legge sono stati registrati 75 casi di utilizzo del POFMA, l'ultimo dei quali è avvenuto il 7 maggio 2021.

Corea del Sud

Giornalisti ed esperti di media sudcoreani lamentano l'ostilità politica tra la Corea del Sud e la Corea del Nord, che distorce la copertura mediatica della Corea del Nord. La Corea del Nord ha attribuito alla

Corea del Sud e agli Stati Uniti la pubblicazione di notizie errate, criticando l'organizzazione mediatica Chosun Ilbo.

Il 27 novembre 2018, i pubblici ministeri hanno fatto irruzione nella casa del governatore della provincia di Gyeonggi, Lee Jae-myung, sospettando che la moglie usasse uno pseudonimo su Twitter per diffondere notizie false sul presidente Moon Jae-in e altri rivali politici del marito.

Taiwan

I leader di Taiwan, tra cui la presidente Tsai Ing-wen e il premier William Lai, hanno accusato l'esercito di troll della Cina di diffondere "fake news" attraverso i social media per sostenere i candidati più simpatici a Pechino in vista delle elezioni amministrative taiwanesi del 2018.

In un reportage del dicembre 2015 del *China Post*, un falso video condiviso online mostrava alla gente uno spettacolo di luci presumibilmente realizzato presso il lago artificiale di Shihmen. L'Ufficio delle risorse idriche della regione settentrionale ha confermato che non c'era alcuno spettacolo di luci al lago artificiale e che l'evento era stato inventato. La frode ha portato a un aumento delle visite dei turisti all'attrazione reale.

Secondo le notizie aggiornate dal Time World in merito alla minaccia globale alla libertà di parola, il governo di Taiwan ha riformato la sua politica sull'istruzione e includerà l'"alfabetizzazione mediatica" tra i programmi scolastici per gli studenti. L'inserimento avverrà per sviluppare le capacità di pensiero critico necessarie nell'uso dei social media. Inoltre, il lavoro di alfabetizzazione mediatica includerà anche le competenze necessarie per analizzare la propaganda e le fonti, in modo che lo studente possa chiarire quali sono le fake news.

America

Brasile

Il Brasile ha dovuto affrontare una crescente influenza delle fake news dopo la rielezione del 2014 della Presidente Dilma Rousseff e il successivo impeachment della Rousseff nell'agosto 2016. Nell'aprile 2016 la BBC Brasile ha riferito che nella settimana che ha preceduto una delle votazioni per l'impeachment, tre dei cinque articoli più condivisi su Facebook in Brasile erano falsi. Nel 2015, la giornalista Tai

Nalon si è dimessa dal suo incarico presso il quotidiano brasiliano *Folha de S Paulo* per avviare il primo sito web di fact-checking in Brasile, chiamato Aos Fatos (To The Facts). Nalon ha dichiarato al *The Guardian* che c'è una grande quantità di fake news e ha esitato a paragonare il problema a quello degli Stati Uniti. In effetti, anche il Brasile ha un problema di fake news e, secondo un sondaggio, ha un numero maggiore di persone che credono che le fake news abbiano influenzato l'esito delle elezioni (69%) rispetto agli Stati Uniti (47%).

Il presidente del Brasile Jair Bolsonaro ha dichiarato che non permetterà al suo governo di utilizzare una parte del suo budget per i media, pari a 1,8 miliardi di *reais* (487 milioni di dollari), per l'acquisto di fake news (cioè di media che non lo sostengono). La *BBC* ha riferito che la campagna di Bolsonaro ha dichiarato che i media che associano la sua campagna all'"estrema destra" sono essi stessi delle fake news. Nel 2020, la Corte Suprema del Brasile ha avviato un'indagine su una presunta campagna di disinformazione da parte dei sostenitori di Bolsonaro. Il Presidente brasiliano ha affermato che questa indagine era "incostituzionale" e che qualsiasi restrizione alle fake news era un atto di censura. In seguito a un ordine della Corte Suprema brasiliana, Facebook ha rimosso "decine" di account falsi direttamente collegati agli uffici di Bolsonaro e dei suoi figli e diretti contro politici e media che si oppongono al Presidente. Anche un video di Bolsonaro che affermava falsamente che il farmaco antimalarico, l'idrossiclorochina, ha funzionato ovunque contro il coronavirus, è stato rimosso da Facebook e Twitter. Per quanto riguarda la pandemia COVID-19, ha accusato i suoi avversari politici di esagerare la gravità del virus. Nel 2021 ha tenuto un discorso in cui ha affermato che il virus non era così grave come i media lo facevano apparire e che si trattava di una "fantasia" creata dai media.

Sulla scia della recrudescenza degli incendi in Amazzonia del 2019, è diventato chiaro che molte delle foto di incendi boschivi diventate virali erano fake news. Emmanuel Macron, presidente della Francia, ha ad esempio twittato una foto scattata da un fotografo morto nel 2003.

Canada

Le fake news online sono state portate all'attenzione dei politici canadesi nel novembre 2016, durante il dibattito sull'assistenza ai giornali locali. Il deputato del centro di Vancouver Hedy Fry ha discusso specificamente delle fake news come esempio di come gli editori su Internet siano meno responsabili rispetto alla stampa. La discussione in parlamento ha contrapposto l'aumento delle fake news online al ridimensionamento dei giornali canadesi e all'impatto sulla democrazia in Canada. I rappresentanti di Facebook Canada hanno partecipato all'incontro e hanno detto ai membri del Parlamento che ritenevano fosse loro dovere aiutare le persone a raccogliere dati online.

Nel gennaio 2017, la campagna per la leadership conservatrice di Kellie Leitch ha ammesso di aver diffuso fake news, tra cui false affermazioni secondo cui Justin Trudeau avrebbe finanziato Hamas. Il responsabile della campagna ha affermato di aver diffuso le notizie per provocare reazioni negative in modo da poter determinare chi "non è un vero conservatore".

Colombia

Nell'autunno del 2016, WhatsApp ha diffuso notizie false che hanno avuto un impatto su votazioni cruciali per la storia colombiana. Una delle menzogne che si sono diffuse rapidamente attraverso WhatsApp era che i cittadini colombiani avrebbero ricevuto meno pensioni e che gli ex guerriglieri avrebbero ricevuto denaro. La disinformazione è iniziata con una domanda che chiedeva agli utenti di WhatsApp se approvassero o meno l'accordo di pace tra il governo nazionale e le Forze Armate Rivoluzionarie della Colombia (FARC). L'accordo di pace avrebbe posto fine a cinque decenni di guerra tra gruppi paramilitari (forze ribelli) e il governo colombiano, che hanno causato milioni di morti e sfollati in tutto il Paese. Una forte influenza sui voti è stata esercitata dalla campagna per il "no", che mirava a convincere i cittadini colombiani a non accettare l'accordo di pace perché avrebbe lasciato andare i gruppi ribelli "troppo facilmente". Uribe, ex presidente della Colombia e del partito democratico, ha guidato la campagna per il "no". Santos, presidente nel 2016, ha adottato approcci liberali durante la sua presidenza. Santos ha vinto il Premio Nobel per la pace nel 2016 per i suoi sforzi verso un accordo di pace con le forze ribelli. Inoltre, Uribe aveva naturalmente opinioni opposte a quelle di Santos. Inoltre, altre notizie diffuse tramite WhatsApp sono state facilmente fraintese dal pubblico, tra cui quella secondo cui il piano di Santos sarebbe stato quello di trasformare la Colombia in un regime duro come quello di Cuba e nel caos come il Venezuela (sotto Hugo Chávez), anche se la logistica non è mai stata spiegata. In un'intervista Juan Carlos Vélez, responsabile della campagna per il "no", afferma che la loro strategia è stata: "Abbiamo scoperto il potere virale delle reti sociali". Inoltre, la campagna per il sì ha partecipato alla diffusione di notizie false attraverso WhatsApp. Ad esempio, è stata diffusa un'immagine photoshoppata del senatore democratico Everth Bustamante, che tiene in mano un cartello con scritto "Non voglio guirrellas al Congresso" per mostrare ipocrisia. Questo sarebbe stato visto come ipocrita perché era un ex guerrigliero dell'M-19 di sinistra. La campagna per il "no" ha influenzato fortemente i voti in tutta la Colombia, con i sì forti nelle aree con il maggior numero di vittime e i no nelle aree influenzate da Uribe. Il risultato è stato il 50,2% dei no rispetto al 49,8% dei sì. Il risultato delle fake news su WhatsApp ha comportato cambiamenti all'interno di WhatsApp da parte della giornalista Juanita Leon, che ha inventato la "macchina della verità" di WhatsApp nel gennaio 2017 per combattere le fake news all'interno dell'app. Anche se alla fine l'accordo è stato firmato, l'incidente di WhatsApp ha prolungato ulteriormente l'accordo e ha portato opinioni controverse tra i cittadini.

Messico

Il partito politico PRI è stato segnalato per l'uso di fake news fin da prima di Peña Nieto. Le tattiche comuni comprendevano la diffusione di tale propaganda attraverso reti radiofoniche e televisive aperte. Queste tattiche sono state efficaci in Messico, perché il numero di lettori di giornali è basso e la TV via cavo è in gran parte limitata alle classi medie; di conseguenza, le due principali reti televisive del Paese - Televisa e TV Azteca - esercitano un'influenza significativa sulla politica nazionale. Televisa possiede circa due terzi della programmazione dei canali televisivi messicani, il che la rende non solo la più grande rete televisiva del Messico, ma anche la più grande rete mediatica del mondo di lingua spagnola.

Medio Oriente e Africa

Armenia

Secondo un rapporto di openDemocracy del 2020, il sito web armeno Medmedia.am diffondeva disinformazione sulla pandemia di coronavirus, definendo il COVID-19 una "falsa pandemia" e avvertendo gli armeni di rifiutare i futuri programmi vaccinali. Il sito web è guidato da Gevorg Grigoryan, un medico che ha criticato il ministero della Salute del governo armeno e i suoi programmi di vaccinazione, e che ha un passato di dichiarazioni anti-LGBT, tra cui commenti pubblicati su Facebook in cui invitava a bruciare i gay. Il quotidiano The Guardian ha dichiarato che il sito è stato lanciato con l'aiuto inconsapevole di una sovvenzione del Dipartimento di Stato degli Stati Uniti destinata a promuovere la democrazia.

Egitto

Secondo il *Daily Telegraph*, nel 2010 un funzionario egiziano ha suggerito che l'agenzia di spionaggio israeliana Mossad potrebbe essere dietro un attacco mortale di squali a Sharm el-Sheikh. Secondo le stime della Commissione per le comunicazioni e le tecnologie dell'informazione del Parlamento egiziano, nel 2017 sono state diffuse 53.000 false voci principalmente attraverso i social media in 60 giorni.

Israele e territori palestinesi

Nel 1996, alcune persone sono state uccise durante i disordini nel tunnel del Muro Occidentale in reazione a notizie false. Nell'aprile 2018, la squadra di calcio palestinese-israeliana Bnei Sakhnin ha minacciato di citare in giudizio il primo ministro israeliano Benjamin Netanyahu per diffamazione, dopo aver affermato che i tifosi avevano fischiato durante un minuto di silenzio per le vittime dell'alluvione israeliana.

In un post sui social media, Netanyahu ha definito "fake news" diversi notiziari israeliani che lo criticano, tra cui Canale 2, Canale 10, Haaretz e Ynet, nello stesso giorno in cui il Presidente degli Stati Uniti Trump ha denunciato le "fake news".

L'organizzazione politica islamista palestinese Hamas ha pubblicato nel 2017 un programma politico volto ad alleggerire la sua posizione nei confronti di Israele. Tra le altre cose, questa carta ha accettato i confini dello Stato palestinese dopo la Guerra dei Sei Giorni del 1967. Sebbene questo documento rappresenti un progresso rispetto alla precedente carta del 1988, che chiedeva la distruzione dello Stato di Israele, non riconosce ancora Israele come legittima nazione indipendente. In un video del maggio 2017, il Primo Ministro di Israele, Benjamin Netanyahu, ha risposto alla copertura di questo evento da parte di testate giornalistiche come *Al Jazeera*, CNN, *New York Times* e *The Guardian*, etichettando le loro notizie come "fake news". In particolare, non ha condiviso l'idea che Hamas abbia accettato lo Stato di Israele nel suo nuovo statuto, definendola "una completa distorsione della verità". Ha invece affermato: "Il nuovo documento di Hamas dice che Israele non ha diritto di esistere". *Haaretz* ha verificato il video, affermando che "Netanyahu, seguendo le orme di Trump, sta deliberatamente distorcendo la definizione di 'fake news' per servire le proprie esigenze". In un discorso successivo, rivolto ai suoi sostenitori, Netanyahu ha risposto alle accuse contro di lui: "L'industria delle fake news è al suo apice... Guardate, ad esempio, come coprono con entusiasmo illimitato, ogni settimana, le manifestazioni di sinistra. Le stesse manifestazioni il cui obiettivo è quello di esercitare pressioni improprie sulle autorità di polizia in modo che presentino un'incriminazione ad ogni costo". *Il Washington Post ha* paragonato l'uso del termine *fake news* per descrivere i media di sinistra alle dichiarazioni simili di Donald Trump durante il ciclo elettorale degli Stati Uniti del 2016.

In un recente studio condotto da Yifat Media Check Ltd. e Hamashrokit ("The Whistle", ONG che si occupa di fact-checking), è emerso che oltre il 70% delle dichiarazioni rilasciate dai leader politici israeliani non erano accurate.

Alcune delle fake news di cui Israele è stato vittima comprendono teorie cospirative sugli animali che sostengono che Israele utilizzi vari animali per spiare o attaccare gli altri.

Arabia Saudita

Secondo il *Global News*, la televisione statale dell'Arabia Saudita ha diffuso fake news sul Canada. Nell'agosto 2018, il *Global News* canadese ha riferito che la televisione statale *Al Arabiya* "ha suggerito che il Canada è il peggior Paese al mondo per le donne, che ha il più alto tasso di suicidi e che tratta i suoi indigeni come il Myanmar tratta i Rohingya, una minoranza musulmana massacrata e cacciata in massa dal Myanmar lo scorso anno".

Nell'ottobre 2018, Twitter ha sospeso una serie di account bot che sembravano diffondere retorica filo-saudita sulla scomparsa del giornalista dell'opposizione saudita Jamal Khashoggi.

Secondo *Newsweek*, l'Ufficio della Procura dell'Arabia Saudita ha twittato che "produrre voci o notizie false [che il governo dell'Arabia Saudita sia coinvolto nella scomparsa di Khashoggi] che possano compromettere l'ordine pubblico o la sicurezza pubblica o inviarle o ripeterle attraverso i social media o qualsiasi mezzo tecnico" è punibile "con cinque anni e una multa di 3 milioni di riyal".

Gli account Twitter sostenuti dall'Iran hanno diffuso fake news e voci sensazionali sull'Arabia Saudita.

Il 1° agosto 2019 Facebook ha identificato centinaia di account che gestivano una rete segreta per conto del governo del Regno dell'Arabia Saudita per diffondere fake news e attaccare i rivali regionali. Il gigante dei social media ha rimosso più di 350 account, pagine e gruppi con quasi 1,4 milioni di follower. Oltre che su Facebook, questi account erano coinvolti in "comportamenti inautentici coordinati" anche su Instagram. Secondo un post sul blog di Facebook, il network stava gestendo due diverse agende politiche, una per conto dell'Arabia Saudita e l'altra per gli Emirati Arabi Uniti e l'Egitto.

Sudafrica

Un'ampia gamma di fonti mediatiche sudafricane ha segnalato le fake news come un problema crescente e uno strumento per aumentare la sfiducia nei media, screditare gli avversari politici e distogliere l'attenzione dalla corruzione. I media di proprietà della famiglia Gupta sono stati notati da altre organizzazioni mediatiche sudafricane come l'Huffington Post (Sudafrica), il *Sunday Times,* Radio 702 e *City Press* per averli presi di mira. Tra le persone prese di mira c'è il ministro delle Finanze Pravin Gordhan, che è stato visto come un ostacolo ai tentativi dei Gupta di catturare lo Stato, con l'accusa a Gordhan di promuovere la cattura dello Stato per il "capitale monopolistico bianco".

L'African National Congress (ANC) è stato portato in tribunale da Sihle Bolani per il lavoro non retribuito svolto durante le elezioni per conto dell'ANC. Nei documenti del tribunale Bolani ha dichiarato che l'ANC l'ha usata per lanciare e gestire una campagna occulta di fake news e disinformazione da 50 milioni di euro durante le elezioni municipali del 2016, con l'intento di screditare i partiti di opposizione.

Siria

Nel febbraio 2017, Amnesty International ha riferito che fino a 13.000 persone erano state impiccate in una prigione siriana come parte di una campagna di "sterminio". Il presidente siriano Bashar al-Assad ha messo in dubbio la credibilità di Amnesty International e ha definito il rapporto una "fake news" fabbricata per minare il governo. "Al giorno d'oggi si può falsificare qualsiasi cosa, stiamo vivendo nell'era delle fake news".

Durante la guerra civile siriana, la Russia ha condotto una campagna di disinformazione per screditare l'organizzazione umanitaria dei Caschi Bianchi e per screditare i rapporti e le immagini dei bambini e delle altre vittime civili dei bombardamenti. Ciò è stato fatto per indebolire le critiche al coinvolgimento della Russia nella guerra. Le Nazioni Unite e gli ispettori chimici internazionali hanno riconosciuto la responsabilità di Bashar al-Assad nell'uso di armi chimiche, che è stato definito "fake news" dalla Russia. La Russia ha promosso diverse affermazioni contraddittorie, secondo cui non erano presenti sostanze chimiche, oppure ha attribuito gli attacchi chimici ad altri Paesi o gruppi.

Emirati Arabi Uniti

Gli Emirati Arabi Uniti (EAU) hanno finanziato organizzazioni no-profit, think tank e collaboratori del giornalismo, tra cui la Foundation for Defense of Democracies (FDD) e il Middle East Forum (MEF), che hanno ulteriormente pagato giornalisti che diffondono informazioni false per diffamare Paesi come il Qatar. Nel 2020, un ricercatore dell'FDD, Benjamin Weinthal, e un collega del MEF, Jonathan Spyer, hanno contribuito con un articolo su *Fox News* a promuovere un'immagine negativa del Qatar, nel tentativo di macchiare le sue relazioni diplomatiche con gli Stati Uniti.

Oceania

Australia

Il Parlamento australiano ha avviato un'indagine sulle "fake news" in merito alle questioni relative alle notizie false verificatesi durante le elezioni statunitensi del 2016. L'inchiesta ha preso in esame diverse aree principali in Australia per individuare il pubblico più vulnerabile alle fake news, considerando l'impatto sul giornalismo tradizionale, valutando la responsabilità degli inserzionisti online e regolamentando la diffusione delle bufale. Questo atto del Parlamento intende combattere la minaccia della diffusione di fake news da parte dei social media.

Il Codice di condotta australiano sulla disinformazione e la disinformazione è stato avviato il 22 febbraio 2021, circa 12 mesi dopo che il governo australiano aveva chiesto alle piattaforme digitali di sviluppare un codice volontario per affrontare il problema della disinformazione e della cattiva informazione e aiutare gli utenti dei loro servizi a identificare più facilmente l'affidabilità, l'attendibilità e la fonte dei contenuti delle notizie. La richiesta fa parte di una più ampia strategia del governo australiano volta a riformare il panorama della tecnologia e della diffusione delle informazioni. L'Australian Communications and Media (ACMA) ha supervisionato lo sviluppo del codice. Il governo valuterà poi la necessità di adottare ulteriori misure, tra cui una regolamentazione obbligatoria.

Un noto caso di notizie inventate in Australia si è verificato nel 2009, quando un rapporto *Deception detection across Australian populations* di un "Levitt Institute" è stato ampiamente citato sui siti web di notizie in tutto il Paese, sostenendo che Sydney era la città più ingenua, nonostante il fatto che il rapporto stesso contenesse un indizio: in mezzo al gibberish matematico, c'era una dichiarazione: "Questi risultati sono stati completamente inventati per essere materiale fittizio attraverso un processo di modifica dei nodi di verità e credibilità".

Scienza spazzatura

L'espressione "**scienza spazzatura**" è usata per descrivere dati scientifici, ricerche o analisi che la persona che la usa considera spuri o fraudolenti. Il concetto è spesso invocato in contesti politici e legali in cui i fatti e i risultati scientifici hanno un grande peso nel prendere una decisione. Di solito trasmette una connotazione peggiorativa che indica che la ricerca è stata mossa da motivazioni politiche, ideologiche, finanziarie o comunque non scientifiche.

Il concetto è stato reso popolare negli anni '90 in relazione alla testimonianza di esperti nelle cause civili. Più recentemente, il concetto è stato invocato come tattica per criticare la ricerca sugli effetti nocivi per l'ambiente o la salute pubblica delle attività aziendali e, occasionalmente, in risposta a tali critiche. L'autore Dan Agin, nel suo libro *Junk Science,* ha criticato duramente coloro che negano le premesse di base del riscaldamento globale,

In alcuni contesti, la scienza spazzatura si contrappone alla "scienza sana" o alla "scienza solida" che favorisce il proprio punto di vista.

La scienza spazzatura è stata criticata per aver minato la fiducia del pubblico nella scienza vera.

La storia

L'espressione "*scienza spazzatura*" sembra essere stata utilizzata prima del 1985. In un rapporto del 1985 del Dipartimento di Giustizia degli Stati Uniti, redatto dal Tort Policy Working Group, si legge:

L'uso di queste prove scientifiche non valide (comunemente definite "scienza spazzatura") ha portato a risultati di causalità che semplicemente non possono essere giustificati o compresi dal punto di vista dello stato attuale delle conoscenze scientifiche o mediche credibili.

Nel 1989, il climatologo Jerry Mahlman (direttore del Geophysical Fluid Dynamics Laboratory) ha definito la teoria secondo cui il riscaldamento globale sarebbe dovuto alla variazione solare (presentata in *Scientific Perspectives on the Greenhouse Problem* da Frederick Seitz e altri) come "rumorosa scienza spazzatura".

Peter W. Huber ha reso popolare il termine in relazione alle controversie legali nel suo libro del 1991 *Galileo's Revenge: Junk Science in the Courtroom*. Il libro è stato citato in oltre 100 libri di testo e riferimenti giuridici; di conseguenza, alcune fonti citano Huber come il primo a coniare il termine. Nel 1997, il termine era entrato nel lessico giuridico, come si evince da un parere del giudice della Corte Suprema degli Stati Uniti John Paul Stevens:

Un esempio di "scienza spazzatura" che dovrebbe essere esclusa in base allo standard Daubert in quanto troppo inaffidabile sarebbe la testimonianza di un frenologo che pretenderebbe di dimostrare la pericolosità futura di un imputato in base ai contorni del suo cranio.

I tribunali di grado inferiore hanno successivamente stabilito delle linee guida per identificare la scienza spazzatura, come il parere del 2005 del giudice Frank H. Easterbrook della Corte d'Appello degli Stati Uniti per il Settimo Circuito:

I resoconti positivi sul trattamento magnetico dell'acqua non sono replicabili; questo e la mancanza di una spiegazione fisica degli effetti sono caratteristiche della scienza spazzatura.

Come suggerisce il sottotitolo del libro di Huber, *Junk Science in the Courtroom (Scienza spazzatura in tribunale)*, l'accento era posto sull'uso o sull'abuso della testimonianza di esperti nelle cause civili. Un esempio importante citato nel libro è la controversia sul contatto casuale nella diffusione dell'AIDS. Un distretto scolastico californiano cercò di impedire a un bambino affetto da AIDS, Ryan Thomas, di frequentare l'asilo. Il distretto scolastico ha prodotto un testimone esperto, Steven Armentrout, che ha testimoniato che esisteva la possibilità che l'AIDS potesse essere trasmesso ai compagni di scuola attraverso "vettori" non ancora scoperti. Tuttavia, cinque esperti hanno testimoniato a favore di Thomas che l'AIDS non si trasmette attraverso contatti casuali, e il tribunale ha affermato la "solida scienza" (come l'ha definita Huber) e ha respinto la tesi di Armentrout.

Nel 1999, Paul Ehrlich e altri hanno sostenuto politiche pubbliche per migliorare la diffusione di conoscenze scientifiche ambientali valide e scoraggiare la scienza spazzatura:

I rapporti del Gruppo intergovernativo di esperti sul cambiamento climatico offrono un antidoto alla scienza spazzatura, articolando l'attuale consenso sulle prospettive del cambiamento climatico, delineando la portata delle incertezze e descrivendo i potenziali benefici e costi delle politiche per affrontare il cambiamento climatico.

In uno studio del 2003 sui cambiamenti nell'attivismo ambientale riguardo all'ecosistema della Corona del Continente, Pedynowski ha osservato che la scienza spazzatura può minare la credibilità della scienza su una scala molto più ampia, perché la rappresentazione errata da parte di interessi speciali mette in dubbio affermazioni più difendibili e mina la credibilità di tutta la ricerca.

Nel suo libro del 2006 *Junk Science*, Dan Agin ha sottolineato due cause principali della scienza spazzatura: la frode e l'ignoranza. Nel primo caso, Agin ha discusso i risultati falsificati nello sviluppo dei transistor organici:

Per quanto riguarda la comprensione della scienza spazzatura, l'aspetto importante è che sia i Bell Laboratories che la comunità fisica internazionale sono stati ingannati fino a quando qualcuno ha notato che i record di rumore pubblicati da Jan Hendrik Schön in diversi documenti erano identici, il che significa fisicamente impossibile.

Nel secondo caso, cita un esempio che dimostra l'ignoranza dei principi statistici da parte della stampa laica:

Poiché non è possibile dimostrare [che gli alimenti geneticamente modificati sono innocui], l'articolo del *New York Times* è stato quello che viene definito un "cattivo articolo" contro il Dipartimento dell'Agricoltura degli Stati Uniti, un cattivo articolo basato sulla convinzione della scienza spazzatura che sia possibile dimostrare un'ipotesi nulla.

Agin chiede al lettore di fare un passo indietro rispetto alla retorica, perché "il modo in cui le cose sono etichettate non rende una scienza spazzatura". Al suo posto, propone che la scienza spazzatura sia in ultima analisi motivata dal desiderio di nascondere al pubblico verità indesiderate.

Uso improprio nelle relazioni pubbliche

John Stauber e Sheldon Rampton di *PR Watch* affermano che il concetto di scienza spazzatura è stato invocato nel tentativo di respingere le scoperte scientifiche che ostacolano i profitti aziendali a breve termine. Nel loro libro *Trust Us, We're Experts* (2001), scrivono che le industrie hanno lanciato campagne multimilionarie per posizionare alcune teorie come scienza spazzatura nella mente popolare, spesso non utilizzando il metodo scientifico. Ad esempio, l'industria del tabacco ha descritto come scienza spazzatura le ricerche che dimostrano gli effetti nocivi del fumo e del fumo passivo, attraverso il veicolo di vari gruppi astroturf.

Le teorie più favorevoli alle attività aziendali vengono presentate con parole come "sana scienza". Tra gli esempi passati in cui si è fatto ricorso alla "sana scienza" vi sono la ricerca sulla tossicità dell'Alar, che è stata pesantemente criticata dai sostenitori dell'antiregolamentazione, e la ricerca di Herbert Needleman sull'avvelenamento da piombo a basse dosi. Needleman fu accusato di frode e attaccato personalmente.

Il commentatore di Fox News Steven Milloy spesso denigra come "scienza spazzatura" la ricerca scientifica credibile su argomenti come il riscaldamento globale, la riduzione dell'ozono e il fumo passivo. La credibilità del sito web junkscience.com di Milloy è stata messa in dubbio da Paul D. Thacker, scrittore di *The New Republic*, in seguito alle prove che Milloy aveva ricevuto finanziamenti da Philip Morris, RJR Tobacco e Exxon Mobil. Thacker ha anche notato che Milloy riceveva quasi 100.000 dollari all'anno in commissioni di consulenza da Philip Morris, mentre criticava le prove sui rischi del fumo passivo come scienza spazzatura. In seguito alla pubblicazione di questo articolo, il Cato Institute, che aveva ospitato il sito junkscience.com, ha cessato di collaborare con il sito e ha rimosso Milloy dal suo elenco di studiosi aggiunti.

I documenti dell'industria del tabacco rivelano che i dirigenti di Philip Morris hanno concepito il "Progetto Camice Bianche" negli anni '80 come risposta ai dati scientifici emergenti sulla nocività del fumo passivo. L'obiettivo del Progetto Whitecoat, così come concepito da Philip Morris e da altre aziende del tabacco, era quello di utilizzare "consulenti scientifici" apparentemente indipendenti per diffondere nell'opinione pubblica il dubbio sui dati scientifici, invocando concetti come scienza spazzatura. Secondo l'epidemiologo David Michaels, Assistente Segretario all'Energia per l'Ambiente, la Sicurezza e la

Salute nell'Amministrazione Clinton, l'industria del tabacco ha inventato il movimento della "sound science" negli anni '80 come parte della sua campagna contro la regolamentazione del fumo passivo.

David Michaels ha sostenuto che, dopo la sentenza della Corte Suprema degli Stati Uniti nella causa *Daubert contro Merrell Dow Pharmaceuticals, Inc.* i giudici laici sono diventati "guardiani" della testimonianza scientifica e, di conseguenza, scienziati stimati non sono stati in grado di fornire testimonianze, cosicché i difensori delle aziende sono "sempre più incoraggiati" ad accusare gli avversari di praticare la scienza spazzatura.

Casi notevoli

Lo psicologo americano Paul Cameron è stato definito dal Southern Poverty Law Center (SPLC) un estremista anti-gay e un divulgatore di "scienza spazzatura". Le ricerche di Cameron sono state pesantemente criticate per i metodi non scientifici e le distorsioni che tentano di collegare l'omosessualità alla pedofilia. In un caso, Cameron ha affermato che le lesbiche hanno 300 volte più probabilità di avere incidenti d'auto. L'SPLC afferma che il suo lavoro è stato continuamente citato in alcune sezioni dei media nonostante sia stato screditato. Cameron è stato espulso dall'American Psychological Association nel 1983.

Combattere la scienza spazzatura

Nel 1995, l'Union of Concerned Scientists ha lanciato la Sound Science Initiative, una rete nazionale di scienziati impegnati a smascherare la scienza spazzatura attraverso la sensibilizzazione dei media, l'attività di lobbying e lo sviluppo di strategie comuni per partecipare a incontri cittadini o audizioni pubbliche. Anche l'American Association for the Advancement of Science, nella sua newsletter su Scienza e tecnologia al Congresso, ha riconosciuto la necessità di una maggiore comprensione tra scienziati e legislatori: "Sebbene la maggior parte degli individui sia d'accordo sul fatto che una scienza solida sia preferibile a una scienza spazzatura, un numero minore riconosce cosa rende uno studio scientifico "buono" o "cattivo"". L'American Dietetic Association, criticando le affermazioni di marketing sui prodotti alimentari, ha creato un elenco di "Dieci bandiere rosse della scienza spazzatura".

Pseudoscienza

La pseudoscienza consiste in affermazioni, credenze o pratiche che pretendono di essere scientifiche e fattuali, ma che sono incompatibili con il metodo scientifico. La pseudoscienza è spesso caratterizzata da affermazioni contraddittorie, esagerate o non falsificabili; dall'affidarsi a pregiudizi di conferma piuttosto che a rigorosi tentativi di confutazione; dalla mancanza di apertura alla valutazione da parte di altri esperti; dall'assenza di pratiche sistematiche nello sviluppo di ipotesi; dalla continua adesione anche dopo che le ipotesi pseudoscientifiche sono state screditate sperimentalmente.

La demarcazione tra scienza e pseudoscienza ha implicazioni scientifiche, filosofiche e politiche. I filosofi discutono sulla natura della scienza e sui criteri generali per tracciare la linea di demarcazione tra teorie scientifiche e credenze pseudoscientifiche, ma c'è un accordo generale su esempi come gli antichi astronauti, la negazione del cambiamento climatico, la radiestesia, la negazione dell'evoluzione, il negazionismo dell'Olocausto, l'astrologia, l'alchimia, la medicina alternativa, l'occultismo, l'ufologia e il creazionismo. Ci sono implicazioni per l'assistenza sanitaria, l'uso della testimonianza di esperti e la ponderazione delle politiche ambientali. Affrontare la pseudoscienza fa parte dell'educazione scientifica e dello sviluppo dell'alfabetizzazione scientifica.

La pseudoscienza può avere effetti pericolosi. Ad esempio, l'attivismo pseudoscientifico contro i vaccini e la promozione di rimedi omeopatici come trattamenti alternativi per le malattie possono indurre le persone a rinunciare a trattamenti medici importanti con benefici dimostrabili per la salute, causando morti e malattie. Inoltre, le persone che rifiutano trattamenti medici legittimi per malattie contagiose possono mettere a rischio gli altri. Le teorie pseudoscientifiche sulle classificazioni razziali ed etniche hanno portato al razzismo e al genocidio.

Il termine *pseudoscienza* è spesso considerato peggiorativo, soprattutto da chi lo utilizza, perché suggerisce che qualcosa viene presentato come scienza in modo impreciso o addirittura ingannevole. Pertanto, coloro che praticano o sostengono la pseudoscienza spesso ne contestano la caratterizzazione.

Etimologia

Il termine *pseudoscienza* deriva dalla radice greca *pseudo*, che significa falso, e dalla parola inglese *science*, dal latino *scientia*, che significa "conoscenza". Sebbene il termine sia in uso almeno dalla fine del XVIII secolo (ad esempio, nel 1796 da James Pettit Andrews in riferimento all'alchimia), il concetto di pseudoscienza come distinto dalla scienza vera e propria sembra essersi diffuso a partire dalla metà del XIX secolo. Tra i primi utilizzi di "pseudoscienza" vi è un articolo del 1844 nel *Northern Journal of Medicine*, numero 387:

Quel tipo di innovazione opposta che dichiara ciò che è stato riconosciuto come un ramo della scienza, come una pseudo-scienza, composta semplicemente da cosiddetti fatti, collegati tra loro da incomprensioni sotto la maschera dei principi.

Un uso precedente del termine risale al 1843 da parte del fisiologo francese François Magendie, che si riferisce alla frenologia come "*una pseudo-scienza dei giorni nostri*". Nel corso del XX secolo, il termine è stato usato in senso peggiorativo per descrivere spiegazioni di fenomeni che si dichiaravano scientifici, ma che in realtà non erano supportati da prove sperimentali affidabili.

Tralasciando la questione separata delle frodi intenzionali - come i "rapimenti" delle sorelle Fox negli anni '50 del XIX secolo - l'etichetta peggiorativa di pseudoscienza distingue il "*noi*" scientifico, a un estremo, dal "*loro*" pseudoscientifico, all'altro, e afferma che le "*nostre*" credenze, pratiche, teorie, ecc. sono scientifiche, al contrario di quelle degli "*altri*". I criteri sono quattro:
(a) il gruppo "*pseudoscientifico*" afferma che le sue credenze, pratiche, teorie, ecc, sono "*scientifici*"; (
b) il gruppo "*pseudoscientifico*" sostiene che i suoi presunti fatti accertati sono convinzioni vere e giustificate; (
c) il gruppo "*pseudoscientifico*" afferma che i suoi "*fatti accertati*" sono stati giustificati da un metodo scientifico autentico e rigoroso; e (
d) questa affermazione è falsa o ingannevole: "non si tratta semplicemente del fatto che le prove successive ribaltano le conclusioni accertate, ma piuttosto del fatto che *le conclusioni non sono mai state giustificate in primo luogo*".

Di tanto in tanto, tuttavia, l'uso del termine è avvenuto in modo più formale e tecnico, in risposta a una minaccia percepita alla sicurezza individuale e istituzionale in un contesto sociale e culturale.

Rapporto con la scienza

La pseudoscienza si distingue dalla scienza perché - sebbene di solito pretenda di essere scienza - la pseudoscienza non aderisce agli standard scientifici, come il metodo scientifico, la falsificabilità delle affermazioni e le norme mertoniane.

Metodo scientifico

Gli scienziati accettano una serie di principi fondamentali come standard per determinare se un corpo di conoscenze, un metodo o una pratica sono scientifici. I risultati degli esperimenti devono essere riproducibili e verificati da altri ricercatori. Questi principi mirano a garantire che gli esperimenti possano essere riprodotti in modo misurabile nelle stesse condizioni, consentendo ulteriori indagini per determinare se un'ipotesi o una teoria relativa a determinati fenomeni sia valida e affidabile. Gli standard richiedono l'applicazione del metodo scientifico e il controllo o l'eliminazione dei pregiudizi attraverso la randomizzazione, procedure di campionamento eque, il blocco degli studi e altri metodi. Tutti i dati raccolti, comprese le condizioni sperimentali o ambientali, devono essere documentati per essere esaminati e resi disponibili per la revisione paritaria, consentendo di condurre ulteriori esperimenti o studi per confermare o falsificare i risultati. Anche la quantificazione statistica della significatività, della confidenza e dell'errore sono strumenti importanti del metodo scientifico.

Falsificabilità

A metà del XX secolo, il filosofo Karl Popper ha enfatizzato il criterio della falsificabilità per distinguere la scienza dalla non scienza. Affermazioni, ipotesi o teorie sono falsificabili o confutabili se esiste la possibilità intrinseca di dimostrarne la falsità. Cioè, se è possibile concepire un'osservazione o un argomento che le neghi. Popper ha usato l'astrologia e la psicoanalisi come esempi di pseudoscienza e la teoria della relatività di Einstein come esempio di scienza. Egli ha suddiviso la non scienza in formulazioni filosofiche, matematiche, mitologiche, religiose e metafisiche da un lato, e formulazioni pseudoscientifiche dall'altro.

Un altro esempio che dimostra la necessità che un'affermazione sia falsificabile è stato riportato nella pubblicazione di Carl Sagan *Il mondo infestato dai demoni*, quando parla di un drago invisibile che ha nel suo garage. Viene fatto notare che non esiste alcun test fisico per confutare l'affermazione della presenza di questo drago. Qualunque test si pensi di poter escogitare, c'è una ragione per cui non si applica al drago invisibile, quindi non si può mai provare che l'affermazione iniziale sia sbagliata. Sagan conclude: "Ora, qual è la differenza tra un drago invisibile, incorporeo e fluttuante che sputa fuoco senza calore e nessun drago?". Afferma che "la vostra incapacità di invalidare la mia ipotesi non equivale affatto a provarla", spiegando ancora una volta che, anche se tale affermazione fosse vera, sarebbe al di fuori del campo dell'indagine scientifica.

Norme mertoniane

Nel 1942, Robert K. Merton identificò una serie di cinque "norme" che caratterizzano la vera scienza. Se una di queste norme veniva violata, Merton considerava l'impresa una non scienza. Queste norme non sono ampiamente accettate dalla comunità scientifica. Le sue norme erano:

- Originalità: I test e le ricerche effettuate devono presentare qualcosa di nuovo alla comunità scientifica.

- Distacco: Le ragioni che spingono gli scienziati a praticare questa scienza devono essere semplicemente l'espansione della loro conoscenza. Gli scienziati non devono avere motivi personali per aspettarsi determinati risultati.

- Universalità: Nessuna persona dovrebbe essere in grado di ottenere più facilmente le informazioni di un test rispetto a un'altra. La classe sociale, la religione, l'etnia o qualsiasi altro fattore personale non dovrebbero essere fattori che influenzano la capacità di qualcuno di ricevere o eseguire un tipo di scienza.

- Scetticismo: I fatti scientifici non devono essere basati sulla fede. Bisogna sempre mettere in discussione ogni caso e argomentazione e verificare costantemente la presenza di errori o di affermazioni non valide.

- Accessibilità al pubblico: Qualsiasi conoscenza scientifica ottenuta deve essere resa disponibile a tutti. I risultati delle ricerche devono essere pubblicati e condivisi con la comunità scientifica.

Rifiuto di riconoscere i problemi

Nel 1978, Paul Thagard ha proposto che la pseudoscienza si distingue dalla scienza quando è meno progressista delle teorie alternative per un lungo periodo di tempo e i suoi sostenitori non riconoscono o non affrontano i problemi della teoria. Nel 1983, Mario Bunge ha proposto le categorie di "campi di credenza" e "campi di ricerca" per aiutare a distinguere tra pseudoscienza e scienza, dove la prima è principalmente personale e soggettiva e la seconda comporta un certo metodo sistematico. Il libro del 2018 sullo scetticismo scientifico di Steven Novella e altri, *The Skeptics' Guide to the Universe,* elenca l'ostilità alle critiche come una delle principali caratteristiche della pseudoscienza.

Critiche al termine

Filosofi della scienza come Paul Feyerabend hanno sostenuto che una distinzione tra scienza e non scienza non è né possibile né auspicabile. Tra le questioni che possono rendere difficile la distinzione vi sono i tassi variabili di evoluzione delle teorie e dei metodi della scienza in risposta a nuovi dati.

Larry Laudan ha suggerito che la pseudoscienza non ha alcun significato scientifico ed è usata soprattutto per descrivere le emozioni umane: Se vogliamo stare dalla parte della ragione, dovremmo abbandonare termini come "pseudoscienza" e "non scientifico" dal nostro vocabolario; sono solo frasi vuote che fanno solo un lavoro emotivo per noi". Allo stesso modo, Richard McNally afferma: "Il termine "pseudoscienza" è diventato poco più di una parola d'ordine infiammata per liquidare rapidamente i propri avversari nei sound-bites dei media" e "Quando gli imprenditori terapeutici fanno affermazioni a nome dei loro interventi, non dovremmo perdere tempo a cercare di determinare se i loro interventi si qualificano come pseudoscientifici. Piuttosto, dovremmo chiedere loro: Come fate a sapere che il vostro intervento funziona? Quali sono le vostre prove?".

Definizione alternativa

Per i filosofi Silvio Funtowicz e Jerome R. Ravetz "la pseudoscienza può essere definita come una scienza in cui l'incertezza dei suoi input deve essere soppressa, per evitare che renda i suoi output totalmente indeterminati". La definizione, contenuta nel libro *Uncertainty and Quality in Science for Policy*, allude alla perdita di abilità artigianali nella gestione delle informazioni quantitative e alla cattiva pratica di raggiungere la precisione nella previsione (inferenza) solo a costo di ignorare l'incertezza degli input utilizzati per formulare la previsione. Questo uso del termine è comune tra i praticanti della scienza post-normale. Intesa in questo modo, la pseudoscienza può essere combattuta utilizzando buone pratiche per valutare l'incertezza nelle informazioni quantitative, come il NUSAP e, nel caso della modellazione matematica, il sensitivity auditing.

La storia

La storia della pseudoscienza è lo studio delle teorie pseudoscientifiche nel corso del tempo. Una pseudoscienza è un insieme di idee che si presenta come scienza, pur non soddisfacendo i criteri per essere propriamente chiamata tale.

Distinguere tra scienza vera e propria e pseudoscienza è talvolta difficile. Una proposta di demarcazione tra le due è il criterio di falsificazione, attribuito soprattutto al filosofo Karl Popper. Nella storia della scienza e della pseudoscienza può essere particolarmente difficile separare le due cose, perché alcune scienze si sono sviluppate da pseudoscienze. Un esempio di questa trasformazione è la scienza della chimica, che trae le sue origini dallo studio pseudoscientifico o pre-scientifico dell'alchimia.

La grande diversità delle pseudoscienze complica ulteriormente la storia della scienza. Alcune pseudoscienze moderne, come l'astrologia e l'agopuntura, sono nate prima dell'era scientifica. Altre si sono sviluppate come parte di un'ideologia, come il lisenkoismo, o come risposta a minacce percepite per un'ideologia. Esempi di questo processo ideologico sono la scienza della creazione e il disegno intelligente, sviluppati in risposta alla teoria scientifica dell'evoluzione.

Indicatori di possibile pseudoscienza

Un argomento, una pratica o un corpo di conoscenze possono essere ragionevolmente definiti pseudoscientifici quando sono presentati come coerenti con le norme della ricerca scientifica, ma dimostrano di non soddisfare tali norme.

Utilizzo di affermazioni vaghe, esagerate o non verificabili.

- Affermazione di affermazioni scientifiche vaghe piuttosto che precise e prive di misurazioni specifiche.

- Affermazione di un'affermazione con scarso o nullo potere esplicativo.

- Mancato utilizzo di definizioni operative (cioè definizioni pubblicamente accessibili delle variabili, dei termini o degli oggetti di interesse, in modo che persone diverse da chi le definisce possano misurarle o testarle in modo indipendente) (vedi anche: riproducibilità).

- L'incapacità di fare un uso ragionevole del principio di parsimonia, cioè di cercare una spiegazione che richieda il minor numero possibile di ipotesi aggiuntive quando sono possibili più spiegazioni valide (vedi: rasoio di Occam).

- L'uso di un linguaggio oscurantista e di un gergo apparentemente tecnico nel tentativo di dare alle affermazioni l'aspetto superficiale della scienza.

- Mancanza di condizioni limite: La maggior parte delle teorie scientifiche ben supportate possiede dei limiti ben articolati al di sotto dei quali i fenomeni previsti si applicano e non si applicano.

- Mancanza di controlli efficaci, come il placebo e il doppio cieco, nel disegno sperimentale.

- Mancanza di comprensione dei principi fondamentali e consolidati della fisica e dell'ingegneria.

Raccolta impropria di prove

- Asserzioni che non ammettono la possibilità logica di essere dimostrate false dall'osservazione o da un esperimento fisico (vedi anche: falsificabilità).

- Affermazione di affermazioni secondo cui una teoria predice qualcosa che non ha dimostrato di prevedere. Le affermazioni scientifiche che non conferiscono alcun potere predittivo sono considerate, nel migliore dei casi, "congetture" o, nel peggiore, "pseudoscienza" (ad esempio, *ignoratio elenchi*).

- Asserzione secondo cui le affermazioni che non sono state dimostrate false devono quindi essere vere, e viceversa (*vedi: Argomento dell'ignoranza*).

- Eccessivo affidamento a testimonianze, prove aneddotiche o esperienze personali: Queste prove possono essere utili nel contesto della scoperta (ad esempio, la generazione di ipotesi), ma non dovrebbero essere utilizzate nel contesto della giustificazione (ad esempio, il test di ipotesi statistica).

- Utilizzo di miti e testi religiosi come se fossero dati di fatto, o basare le prove sulla lettura di tali testi.

- Uso di concetti e scenari della fantascienza come se fossero fatti. Questa tecnica fa appello alla familiarità che molte persone hanno già con i tropi della fantascienza attraverso i media popolari.

- Presentazione di dati che sembrano supportare le affermazioni, mentre si sopprimono o si rifiutano di prendere in considerazione i dati in conflitto con tali affermazioni. Questo è un esempio di selection bias o cherry picking, una distorsione delle prove o dei dati che deriva dal modo in cui i dati vengono raccolti. A volte si parla di effetto selezione.

- Ripetere affermazioni eccessive o non verificate che sono state precedentemente pubblicate altrove e promuovere tali affermazioni come se fossero fatti; un accumulo di tali rapporti secondari acritici, che non contribuiscono altrimenti alla propria indagine empirica, è chiamato effetto Woozle.

- Inversione dell'onere della prova: la scienza pone l'onere della prova su chi fa un'affermazione, non su chi la critica. Le argomentazioni "pseudoscientifiche" possono trascurare questo principio e chiedere agli scettici di dimostrare, al di là di ogni ragionevole dubbio, che un'affermazione (per esempio, un'affermazione sull'efficacia di una nuova tecnica terapeutica) è falsa. È essenzialmente impossibile dimostrare una negatività universale, quindi questa tattica pone erroneamente l'onere della prova sullo scettico piuttosto che sull'assertore.

- Appelli all'olismo in contrapposizione al riduzionismo: i sostenitori di affermazioni pseudoscientifiche, soprattutto nel campo della medicina organica, della medicina alternativa, della naturopatia e della salute mentale, ricorrono spesso al "mantra dell'olismo" per liquidare i risultati negativi.

Mancanza di apertura alla verifica da parte di altri esperti

- Evasione della revisione paritaria prima della pubblicazione dei risultati (definita "scienza per conferenza stampa"): Alcuni sostenitori di idee che contraddicono le teorie scientifiche accettate evitano di sottoporre le loro idee alla revisione paritaria, a volte sostenendo che la revisione paritaria è prevenuta nei confronti dei paradigmi consolidati e a volte sostenendo che le affermazioni non possono essere valutate adeguatamente con i metodi scientifici standard. Rimanendo isolati dal processo di revisione paritaria, questi sostenitori rinunciano all'opportunità di un feedback correttivo da parte di colleghi informati.

- Alcune agenzie, istituzioni e pubblicazioni che finanziano la ricerca scientifica richiedono agli autori di condividere i dati in modo che altri possano valutare un documento in modo indipendente. La mancata fornitura di informazioni adeguate per consentire ad altri ricercatori di riprodurre le affermazioni contribuisce a una mancanza di apertura.

- Appellarsi alla necessità di segretezza o di conoscenze proprietarie quando viene richiesta una revisione indipendente dei dati o della metodologia.

- Non è incoraggiato il dibattito sostanziale sulle prove da parte di sostenitori competenti di tutti i punti di vista.

Assenza di progressi

- L'incapacità di progredire verso ulteriori prove delle sue affermazioni. Terence Hines ha identificato l'astrologia come un argomento che è cambiato pochissimo negli ultimi due millenni.

- Mancanza di autocorrezione: i programmi di ricerca scientifica commettono errori, ma tendono a ridurli nel tempo. Al contrario, le idee possono essere considerate pseudoscientifiche perché sono rimaste inalterate nonostante le prove contraddittorie. Anche l'opera *Scientists Confront Velikovsky* (1976) della Cornell University approfondisce queste caratteristiche, così come l'opera di Thomas Kuhn, ad esempio *La struttura delle rivoluzioni scientifiche* (1962), che discute anche alcuni dei punti dell'elenco delle caratteristiche della pseudoscienza.

- La significatività statistica dei risultati sperimentali di supporto non migliora nel tempo e di solito sono vicini al limite della significatività statistica. Normalmente, le tecniche sperimentali migliorano o gli esperimenti vengono ripetuti, fornendo prove sempre più solide. Se la significatività statistica non migliora, in genere significa che gli esperimenti sono stati ripetuti fino a quando non si è verificato un successo dovuto a variazioni casuali.

Personalizzazione dei temi

- Gruppi sociali stretti e personalità autoritarie, la soppressione del dissenso e il groupthink possono favorire l'adozione di credenze che non hanno basi razionali. Nel tentativo di confermare le proprie convinzioni, il gruppo tende a identificare i suoi critici come nemici.

- Asserzione di una cospirazione da parte della comunità scientifica tradizionale per sopprimere le informazioni pseudoscientifiche.

- Attaccare le motivazioni, il carattere, la moralità o la competenza dei critici (*vedi Ad hominem fallacy*).

Uso di un linguaggio fuorviante

- Creare termini scientifici per convincere i non esperti a credere ad affermazioni che potrebbero essere false o prive di significato: ad esempio, una bufala di lunga data si riferisce all'acqua con il nome formale "monossido di diidrogeno", raramente utilizzato, e lo descrive come il principale costituente della maggior parte delle soluzioni velenose, per dimostrare quanto facilmente il pubblico possa essere ingannato.

- Utilizzare termini consolidati in modo idiosincratico, dimostrando così di non avere familiarità con il lavoro tradizionale della disciplina.

Prevalenza delle credenze pseudoscientifiche

India

Il Ministero dell'AYUSH (forma estesa di Ayurveda, Yoga, Naturopatia, Unani, Siddha, Sowa-Rigpa e Omeopatia) del Governo indiano ha lo scopo di sviluppare l'istruzione, la ricerca e la propagazione dei sistemi di medicina alternativa indigena in India. Come da notifica pubblicata sulla Gazzetta dell'India il 13 aprile 2021, è noto come Ministero dell'Ayush e comprende i sette sistemi tradizionali di assistenza sanitaria.

Il Ministero ha dovuto affrontare critiche significative per aver finanziato sistemi che mancano di plausibilità biologica e che non sono stati testati o che si sono dimostrati definitivamente inefficaci. La qualità della ricerca è stata scarsa e i farmaci sono stati lanciati senza studi farmacologici rigorosi e prove cliniche significative sull'Ayurveda o su altri sistemi sanitari alternativi.

Non esiste un'efficacia credibile o una base scientifica per nessuna di queste forme di trattamento.

Un forte consenso prevale tra la comunità scientifica sul fatto che l'omeopatia sia una linea di trattamento pseudoscientifica, non etica e non plausibile. L'Ayurveda è considerata pseudoscientifica, ma occasionalmente è considerata una protoscienza o un sistema trans-scientifico. La naturopatia è considerata una forma di ciarlataneria pseudoscientifica, inefficace e forse dannosa, con una pletora di dubbi etici sulla sua stessa pratica. Gran parte della ricerca sullo yoga posturale ha assunto la forma di studi preliminari o di prove cliniche di bassa qualità metodologica; non vi è alcun effetto terapeutico conclusivo, tranne che per il mal di schiena. L'Unani manca di plausibilità biologica ed è considerato una ciarlataneria pseudoscientifica.

Il Vastu Shastra è l'antico sistema di architettura indù che stabilisce una serie di regole per la costruzione delle case in relazione all'ambiente. Il Vastu Shastra è considerato una pseudoscienza da razionalisti come Narendra Nayak della Federazione delle Associazioni Razionaliste Indiane e l'astronomo Jayant Narlikar, che scrive che il Vastu non ha alcuna "connessione logica" con l'ambiente.

Jyotisha è il sistema tradizionale indù di astrologia, noto anche come astrologia indù, astrologia indiana e più recentemente astrologia vedica. Il consenso scientifico è che l'astrologia è una pseudoscienza.

Stati Uniti

Una grande percentuale della popolazione statunitense manca di alfabetizzazione scientifica, non comprendendo adeguatamente i principi e il metodo scientifico. Nel *Journal of College Science Teaching*, Art Hobson scrive: "Le credenze pseudoscientifiche sono sorprendentemente diffuse nella nostra cultura anche tra gli insegnanti di scienze delle scuole pubbliche e i redattori dei giornali, e sono strettamente correlate all'analfabetismo scientifico". Tuttavia, uno studio su 10.000 studenti pubblicato sulla stessa rivista ha concluso che non esiste una forte correlazione tra le conoscenze scientifiche e le credenze nella pseudoscienza.

Nel suo libro *Il mondo infestato dai demoni*, Carl Sagan parla della preoccupazione del governo cinese e del Partito Comunista Cinese per gli sviluppi della pseudoscienza occidentale e per alcune antiche pratiche cinesi in Cina. Egli vede la pseudoscienza che si verifica negli Stati Uniti come parte di una tendenza mondiale e suggerisce che le sue cause, i pericoli, la diagnosi e il trattamento possono essere universali.

Nel 2006, la National Science Foundation (NSF) degli Stati Uniti ha pubblicato una sintesi di un documento sulla scienza e l'ingegneria in cui si parlava brevemente della prevalenza della pseudoscienza nei tempi moderni. Il documento affermava che "la credenza nella pseudoscienza è diffusa" e, facendo riferimento a un sondaggio Gallup, affermava che la credenza nei 10 esempi di fenomeni paranormali comunemente ritenuti elencati nel sondaggio erano "credenze pseudoscientifiche". Le voci erano "percezione extrasensoriale (ESP), che le case possono essere infestate, fantasmi, telepatia, chiaroveggenza, astrologia, che le persone possono comunicare mentalmente con qualcuno che è morto, streghe, reincarnazione e canalizzazione". Queste credenze nella pseudoscienza rappresentano una mancanza di conoscenza del funzionamento della scienza. La comunità scientifica può tentare di comunicare informazioni sulla scienza preoccupandosi della suscettibilità del pubblico ad affermazioni non provate. L'NSF ha dichiarato che le credenze pseudoscientifiche negli Stati Uniti sono diventate più diffuse negli anni '90, hanno raggiunto un picco intorno al 2001 e da allora sono leggermente diminuite, ma le credenze pseudoscientifiche rimangono comuni. Secondo il rapporto dell'NSF, nella società c'è una scarsa conoscenza delle questioni pseudoscientifiche e le pratiche pseudoscientifiche sono comunemente seguite. I sondaggi indicano che circa un terzo degli americani adulti considera l'astrologia scientifica.

Il razzismo

Ci sono state molte connessioni tra gli scrittori e i ricercatori di pseudoscienze e il loro background di antisemitismo, razzismo e neonazismo. Spesso usano la pseudoscienza per rafforzare le loro convinzioni. Uno degli scrittori pseudoscientifici più importanti è Frank Collin, un nazista autoproclamato che nei suoi scritti si fa chiamare Frank Joseph. La maggior parte delle sue opere include i temi di Atlantide, degli incontri extraterrestri, di Lemuria e di altre antiche civiltà, spesso con sfumature di supremazia bianca. Ad esempio, sostiene che i popoli europei migrarono in Nord America prima di Colombo e che tutte le civiltà dei nativi americani furono iniziate dai discendenti dei bianchi.

L'Alt-Right che usa la pseudoscienza per basare le proprie ideologie non è un problema nuovo. L'intero fondamento dell'antisemitismo si basa sulla pseudoscienza, o razzismo scientifico. In un articolo di Sander Gilman, pubblicato su *Newsweek*, Gilman descrive le opinioni antisemite della comunità delle pseudoscienze. "Gli ebrei, così come appaiono in questo mondo di pseudoscienza, sono un gruppo inventato di persone malate, stupide o stupidamente intelligenti che usano la scienza per i loro fini nefasti. Anche altri gruppi sono dipinti in modo simile nella "scienza razziale", come era solita definirsi: Gli afroamericani, gli irlandesi, i cinesi e, beh, tutti i gruppi che si vogliono dimostrare inferiori a se stessi". I neonazisti e i suprematisti bianchi cercano spesso di sostenere le loro affermazioni con studi che "dimostrano" che le loro affermazioni non sono solo stereotipi dannosi. Ad esempio, Bret Stephens ha pubblicato un articolo sul *New York Times* in cui sosteneva che gli ebrei ashkenaziti avessero il più alto quoziente intellettivo tra tutti i gruppi etnici. Tuttavia, la metodologia scientifica e le conclusioni raggiunte dall'articolo citato da Stephens sono state ripetutamente messe in discussione dopo la sua pubblicazione. Si è scoperto che almeno uno degli autori dello studio è stato identificato dal Southern Poverty Law Center come un nazionalista bianco.

Negli ultimi anni la rivista *Nature* ha pubblicato una serie di editoriali che mettono in guardia i ricercatori dagli estremisti che cercano di abusare del loro lavoro, in particolare i genetisti delle popolazioni e coloro che lavorano con il DNA antico. Un articolo di *Nature*, intitolato "Racism in Science: The Taint That Lingers", osserva che la pseudoscienza eugenetica dell'inizio del XX secolo è stata usata per influenzare le politiche pubbliche, come l'Immigration Act del 1924 negli Stati Uniti, che cercava di impedire l'immigrazione dall'Asia e da parti dell'Europa. La ricerca ha ripetutamente dimostrato che la razza non è un concetto scientificamente valido, eppure alcuni scienziati continuano a cercare differenze biologiche misurabili tra le "razze".

Spiegazioni

In un rapporto del 1981 Singer e Benassi hanno scritto che le credenze pseudoscientifiche hanno origine da almeno quattro fonti.

- Errori cognitivi comuni per esperienza personale.

- Errata copertura sensazionalistica dei mass media.

- Fattori socioculturali.

- Educazione scientifica scarsa o errata.

Uno studio del 1990 di Eve e Dunn ha confermato i risultati di Singer e Benassi e ha rilevato che gli insegnanti di scienze biologiche e di scienze della vita delle scuole superiori promuovono credenze pseudoscientifiche.

Psicologia

La psicologia della pseudoscienza cerca di esplorare e analizzare il pensiero pseudoscientifico attraverso un chiarimento approfondito sulla distinzione tra ciò che è considerato scientifico e ciò che è pseudoscientifico. La propensione umana a cercare conferme piuttosto che confutazioni (bias di conferma), la tendenza a mantenere credenze confortanti e la tendenza a generalizzare eccessivamente sono state proposte come ragioni del pensiero pseudoscientifico. Secondo Beyerstein, gli esseri umani sono inclini a fare associazioni basate solo sulle somiglianze e spesso sono inclini a sbagliare l'attribuzione nel pensiero causa-effetto.

La teoria del realismo dipendente dalle credenze di Michael Shermer si basa sulla convinzione che il cervello sia essenzialmente un "motore di credenze" che analizza i dati percepiti dai sensi e cerca modelli e significati. Esiste anche la tendenza del cervello a creare pregiudizi cognitivi, come risultato di inferenze e ipotesi fatte senza logica e basate sull'istinto, che di solito si traducono in schemi nella cognizione. Lindeman afferma che le motivazioni sociali (cioè "comprendere se stessi e il mondo, avere un senso di controllo sui risultati, appartenere, trovare il mondo benevolo e mantenere la propria autostima") sono spesso "più facilmente" soddisfatte dalla pseudoscienza che dalle informazioni scientifiche. Inoltre, le spiegazioni pseudoscientifiche in genere non vengono analizzate razionalmente, ma in modo esperienziale. Operando all'interno di una serie di regole diverse rispetto al pensiero razionale, il pensiero esperienziale considera valida una spiegazione se questa è "personalmente funzionale, soddisfacente e sufficiente", offrendo una descrizione del mondo che può essere più personale di quella che può essere fornita dalla scienza e riducendo la quantità di lavoro potenziale coinvolto nella comprensione di eventi ed esiti complessi.

Educazione e alfabetizzazione scientifica

C'è una tendenza a credere più alle pseudoscienze che alle prove scientifiche. Alcuni ritengono che la prevalenza delle credenze pseudoscientifiche sia dovuta a un diffuso analfabetismo scientifico. Gli individui privi di alfabetizzazione scientifica sono più suscettibili al wishful thinking, poiché è probabile che si rivolgano alla gratificazione immediata alimentata dal Sistema 1, il nostro sistema operativo predefinito che non richiede alcuno sforzo. Questo sistema incoraggia ad accettare le conclusioni a cui si crede e a rifiutare quelle a cui non si crede. Un'analisi più approfondita di fenomeni pseudoscientifici complessi richiede il Sistema 2, che segue le regole, confronta gli oggetti su più dimensioni e soppesa le opzioni. Questi due sistemi presentano numerose altre differenze che vengono approfondite nella teoria del doppio processo. I sistemi scientifici e secolari di moralità e significato sono generalmente insoddisfacenti per la maggior parte delle persone. Gli esseri umani sono, per natura, una specie orientata al futuro e alla ricerca di maggiori possibilità di felicità e soddisfazione, ma troppo spesso siamo disposti ad aggrapparci a promesse irrealistiche di una vita migliore.

La psicologia ha molto da discutere sul pensiero pseudoscientifico, poiché è la percezione illusoria della causalità e dell'efficacia di numerosi individui che deve essere illuminata. Le ricerche suggeriscono che il pensiero illusorio si verifica nella maggior parte delle persone quando sono esposte a determinate circostanze, come la lettura di un libro, una pubblicità o la testimonianza di altri, sono alla base delle credenze pseudoscientifiche. Si presume che le illusioni non siano insolite e che, date le giuste condizioni, possano verificarsi sistematicamente anche in situazioni emotive normali. Una delle cose su cui i sostenitori delle pseudoscienze si lamentano di più è che la scienza accademica li tratta di solito come degli sciocchi. Ridurre al minimo queste illusioni nel mondo reale non è semplice. A questo scopo, la progettazione di programmi educativi basati sull'evidenza può essere efficace per aiutare le persone a identificare e ridurre le proprie illusioni.

Confini con la scienza

Classificazione

I filosofi classificano i tipi di conoscenza. In inglese, la parola *science* è usata per indicare specificamente le scienze naturali e i campi correlati, che sono chiamati scienze sociali. I diversi filosofi della scienza possono essere in disaccordo sui limiti esatti - per esempio, la matematica è una scienza formale più vicina a quelle empiriche, o la matematica pura è più vicina allo studio filosofico della logica e quindi non è una scienza? - ma tutti concordano sul fatto che tutte le idee che non sono scientifiche sono non-scientifiche. La grande categoria della non scienza comprende tutte le materie che esulano dalle scienze naturali e sociali, come lo studio della storia, della metafisica, della religione, dell'arte e delle scienze umane. Dividendo nuovamente la categoria, le affermazioni non scientifiche sono un sottoinsieme della grande categoria delle affermazioni non scientifiche. Questa categoria comprende specificamente tutte le questioni che si oppongono direttamente alla buona scienza. La non-scienza comprende sia la "cattiva scienza" (come un errore commesso in un tentativo in buona fede di imparare qualcosa sul mondo naturale) sia la pseudoscienza. La pseudoscienza è quindi un sottoinsieme della non scienza e la non scienza, a sua volta, è un sottoinsieme della non scienza.

La scienza si distingue anche dalla rivelazione, dalla teologia o dalla spiritualità in quanto offre una visione del mondo fisico ottenuta attraverso la ricerca e la sperimentazione empirica. Le controversie più importanti riguardano l'evoluzione degli organismi viventi, l'idea della discendenza comune, la storia geologica della Terra, la formazione del sistema solare e l'origine dell'universo. I sistemi di credenze che derivano dalla conoscenza divina o ispirata non sono considerati pseudoscienza se non pretendono di essere scientifici o di ribaltare la scienza consolidata. Inoltre, alcune specifiche affermazioni religiose, come il potere della preghiera di intercessione di guarire i malati, sebbene possano essere basate su credenze non verificabili, possono essere testate con il metodo scientifico.

Alcune affermazioni e convinzioni comuni della scienza popolare possono non soddisfare i criteri della scienza. La scienza "pop" può confondere la divisione tra scienza e pseudoscienza tra il pubblico in generale e può anche riguardare la fantascienza. In effetti, la scienza pop è diffusa e può anche facilmente provenire da persone che non sono tenute a rispettare la metodologia scientifica e la revisione da parte di esperti.

Se le affermazioni di un determinato campo possono essere testate sperimentalmente e gli standard sono rispettati, non si tratta di pseudoscienza, a prescindere da quanto siano strane, sorprendenti o controintuitive. Se le affermazioni fatte sono incoerenti con i risultati sperimentali esistenti o con la teoria consolidata, ma il metodo è solido, occorre usare cautela, poiché la scienza consiste nel verificare ipotesi che possono rivelarsi false. In questo caso, il lavoro può essere meglio descritto come idee "non ancora generalmente accettate".

Protoscienza è un termine talvolta utilizzato per descrivere un'ipotesi che non è ancora stata adeguatamente testata con il metodo scientifico, ma che è altrimenti coerente con la scienza esistente o che, se incoerente, offre una ragionevole spiegazione dell'incoerenza. Può anche descrivere la transizione da un corpo di conoscenze pratiche a un campo scientifico.

Filosofia

Karl Popper ha affermato che è insufficiente distinguere la scienza dalla pseudoscienza o dalla metafisica (come la questione filosofica del significato dell'esistenza) con il criterio della rigorosa aderenza al metodo empirico, che è essenzialmente induttivo, basato sull'osservazione o sulla sperimentazione. Egli propose un metodo per distinguere tra metodi autenticamente empirici, non empirici o addirittura pseudoempirici. Quest'ultimo caso è esemplificato dall'astrologia, che fa appello all'osservazione e alla sperimentazione. Pur disponendo di prove empiriche basate sull'osservazione, sugli oroscopi e sulle biografie, non è riuscita a utilizzare standard scientifici accettabili. Popper propose la falsificabilità come criterio importante per distinguere la scienza dalla pseudoscienza.

Per dimostrare questo punto, Popper ha fornito due casi di comportamento umano e le spiegazioni tipiche delle teorie di Sigmund Freud e Alfred Adler: "quello di un uomo che spinge un bambino in acqua con l'intenzione di annegarlo; e quello di un uomo che sacrifica la propria vita nel tentativo di salvare il bambino". Dal punto di vista di Freud, il primo uomo avrebbe sofferto di repressione psicologica, probabilmente originata da un complesso di Edipo, mentre il secondo uomo aveva raggiunto la sublimazione. Dal punto di vista di Adler, il primo e il secondo uomo soffrivano di sentimenti di inferiorità e dovevano dimostrare il proprio valore, il che lo spinse a commettere il crimine o, nel secondo caso, a salvare il bambino. Popper non è stato in grado di trovare alcun controesempio di comportamento umano in cui il comportamento non potesse essere spiegato nei termini della teoria di Adler o di Freud. Popper sosteneva che l'osservazione si adattava o confermava sempre la teoria, il che, invece di essere il suo punto di forza, era in realtà la sua debolezza. Al contrario, Popper ha fatto l'esempio della teoria gravitazionale di Einstein, che prevedeva che "la luce deve essere attratta da corpi pesanti (come il Sole), proprio come i corpi materiali". Ne consegue che le stelle più vicine al Sole sembrerebbero essersi allontanate di poco dal Sole e l'una dall'altra. Questa previsione colpì particolarmente Popper perché comportava un rischio considerevole. La luminosità del Sole impediva di osservare questo effetto in circostanze normali, quindi le fotografie dovevano essere scattate durante un'eclissi e confrontate con quelle scattate di notte. Popper afferma: "Se l'osservazione mostra che l'effetto previsto è decisamente assente, allora la teoria è semplicemente confutata". Popper riassume il suo criterio per lo status scientifico di una teoria come dipendente dalla sua falsificabilità, confutabilità o testabilità.

Paul R. Thagard ha utilizzato l'astrologia come caso di studio per distinguere la scienza dalla pseudoscienza e ha proposto principi e criteri per delinearle. In primo luogo, l'astrologia non è progredita, in quanto non è stata aggiornata né ha aggiunto alcun potere esplicativo dai tempi di Tolomeo. In secondo luogo, ha ignorato i problemi più importanti, come la precessione degli equinozi in astronomia. In terzo luogo, le teorie alternative della personalità e del comportamento sono cresciute progressivamente fino a comprendere le spiegazioni dei fenomeni che l'astrologia attribuisce staticamente alle forze celesti. Quarto, gli astrologi sono rimasti disinteressati ad approfondire la teoria per affrontare i problemi in sospeso o a valutare criticamente la teoria in relazione ad altre teorie. Thagard intendeva estendere questo criterio ad ambiti diversi dall'astrologia. Egli riteneva che avrebbe delineato come pseudoscientifiche pratiche come la stregoneria e la piramidologia, lasciando nel regno della scienza la fisica, la chimica, l'astronomia, la geoscienza, la biologia e l'archeologia.

Nella filosofia e nella storia della scienza, Imre Lakatos sottolinea l'importanza sociale e politica del problema della demarcazione, il problema metodologico normativo di distinguere tra scienza e pseudoscienza. La sua particolare analisi storica della metodologia scientifica basata sui programmi di ricerca suggerisce che: "Gli scienziati considerano il successo della previsione teorica di fatti nuovi e sbalorditivi - come il ritorno della cometa di Halley o la curvatura gravitazionale dei raggi luminosi - come ciò che demarca le buone teorie scientifiche da quelle pseudoscientifiche e degenerate, e nonostante tutte le teorie scientifiche siano perennemente confrontate con 'un oceano di controesempi'". Lakatos offre una "nuova analisi fallibilista dello sviluppo della dinamica celeste di Newton, [il suo] esempio storico preferito della sua metodologia" e sostiene, alla luce di questa svolta storica, che il suo resoconto risponde ad alcune inadeguatezze di quelli di Karl Popper e Thomas Kuhn. Tuttavia, Lakatos riconosceva la forza della critica storica di Kuhn a Popper: tutte le teorie importanti sono state circondate da un "oceano di anomalie", che in una visione falsificazionista richiederebbe il rifiuto totale della teoria... Lakatos cercò di conciliare il razionalismo del falsificazionismo popperiano con quella che sembrava essere la sua stessa confutazione da parte della storia".

Molti filosofi hanno cercato di risolvere il problema della demarcazione nei seguenti termini: un'affermazione costituisce conoscenza se un numero sufficiente di persone la crede in modo sufficientemente forte. Ma la storia del pensiero ci mostra che molte persone erano totalmente impegnate in credenze assurde. Se la forza delle credenze fosse un segno distintivo della conoscenza, dovremmo classificare come conoscenza alcune storie su demoni, angeli, diavoli, paradiso e inferno. Gli scienziati, invece, sono molto scettici anche nei confronti delle loro migliori teorie. Quella di Newton è la teoria più potente che la scienza abbia mai prodotto, ma Newton stesso non ha mai creduto che i corpi si attraggano a distanza. Quindi nessun grado di impegno nelle credenze le rende conoscenze. Anzi, il tratto distintivo del comportamento scientifico è un certo scetticismo anche nei confronti delle teorie più care. L'adesione cieca a una teoria non è una virtù intellettuale: è un crimine intellettuale.

Così un'affermazione può essere pseudoscientifica anche se è eminentemente "plausibile" e tutti ci credono, e può avere valore scientifico anche se è incredibile e nessuno ci crede. Una teoria può persino avere un valore scientifico supremo anche se nessuno la capisce e tanto meno ci crede.

Il confine tra scienza e pseudoscienza è controverso e difficile da determinare analiticamente, anche dopo oltre un secolo di studi da parte di filosofi della scienza e scienziati, e nonostante alcuni accordi di base sui fondamenti del metodo scientifico. Il concetto di pseudoscienza si basa sulla comprensione che il metodo scientifico è stato travisato o applicato in modo errato rispetto a una determinata teoria, ma molti filosofi della scienza sostengono che diversi tipi di metodi sono ritenuti appropriati in diversi campi e in diverse epoche della storia umana. Secondo Lakatos, l'unità descrittiva tipica delle grandi conquiste scientifiche non è un'ipotesi isolata, ma "un potente meccanismo di risoluzione dei problemi che, con l'aiuto di sofisticate tecniche matematiche, digerisce le anomalie e le trasforma addirittura in prove positive".

Per Popper, la pseudoscienza utilizza l'induzione per generare teorie ed esegue solo esperimenti per cercare di verificarle. Per Popper, la falsificabilità è ciò che determina lo status scientifico di una teoria. Con un approccio storico, Kuhn ha osservato che gli scienziati non seguono la regola di Popper e possono ignorare i dati di falsificazione, a meno che non siano schiaccianti. Per Kuhn, la soluzione di un puzzle all'interno di un paradigma è scienza. Lakatos tentò di risolvere questo dibattito, suggerendo che la storia dimostra che la scienza si svolge in programmi di ricerca, in competizione tra loro in base al loro grado di progresso. L'idea guida di un programma potrebbe evolversi, spinta dalla sua euristica di fare previsioni che possono essere supportate da prove. Feyerabend ha sostenuto che Lakatos è stato selettivo nei suoi esempi e che l'intera storia della scienza dimostra che non esiste una regola universale del metodo scientifico e che imporne una alla comunità scientifica impedisce il progresso.

Laudan sosteneva che la demarcazione tra scienza e non scienza fosse uno pseudo-problema, preferendo concentrarsi sulla distinzione più generale tra conoscenza affidabile e inaffidabile.

[Feyerabend considera il punto di vista di Lakatos come un anarchismo nascosto travestito da razionalismo metodologico. L'affermazione di Feyerabend non è che le regole metodologiche standard non debbano mai essere rispettate, ma piuttosto che a volte il progresso si ottiene abbandonandole. In assenza di una regola generalmente accettata, è necessario ricorrere a metodi di persuasione alternativi. Secondo Feyerabend, Galileo utilizzò tecniche stilistiche e retoriche per convincere il suo lettore, inoltre scrisse in italiano anziché in latino e indirizzò le sue argomentazioni a chi era già temperamentalmente incline ad accettarle.

Politica, salute e istruzione

Implicazioni politiche

Il problema della demarcazione tra scienza e pseudoscienza solleva dibattiti in ambito scientifico, filosofico e politico. Imre Lakatos, ad esempio, ricorda che il Partito Comunista dell'Unione Sovietica a un certo punto dichiarò che la genetica mendeliana era pseudoscientifica e fece spedire in un gulag i suoi sostenitori, tra cui scienziati affermati come Nikolai Vavilov, e che l'"establishment liberale dell'Occidente" nega la libertà di parola agli argomenti che considera pseudoscienza, in particolare quando si scontrano con i costumi sociali.

Qualcosa diventa pseudoscientifico quando la scienza non può essere separata dall'ideologia, quando gli scienziati travisano le scoperte scientifiche per promuovere o attirare l'attenzione per la pubblicità, quando i politici, i giornalisti e l'élite intellettuale di una nazione distorcono i fatti della scienza per un guadagno politico a breve termine, o quando individui potenti del pubblico confondono causalità e cofattori con un abile gioco di parole. Queste idee riducono l'autorità, il valore, l'integrità e l'indipendenza della scienza nella società.

Implicazioni per la salute e l'istruzione

Distinguere la scienza dalla pseudoscienza ha implicazioni pratiche nel caso dell'assistenza sanitaria, della testimonianza di esperti, delle politiche ambientali e dell'educazione scientifica. Trattamenti con una patina di autorità scientifica che non sono stati effettivamente sottoposti a test scientifici possono essere inefficaci, costosi e pericolosi per i pazienti e confondere i fornitori di servizi sanitari, gli assicuratori, i decisori governativi e il pubblico su quali trattamenti siano appropriati. Le affermazioni avanzate dalla pseudoscienza possono indurre funzionari governativi ed educatori a prendere decisioni sbagliate nella scelta dei programmi di studio.

La misura in cui gli studenti acquisiscono una serie di competenze sociali e cognitive legate all'uso corretto della scienza e della tecnologia determina la loro alfabetizzazione scientifica. L'educazione alle scienze incontra nuove dimensioni con il mutevole panorama della scienza e della tecnologia, una cultura in rapida evoluzione e un'epoca guidata dalla conoscenza. Una reinvenzione del programma scolastico di scienze è quella di formare gli studenti per far fronte alla sua influenza mutevole sul benessere umano. L'alfabetizzazione scientifica, che permette di distinguere la scienza dalle pseudoscienze come l'astrologia, è uno degli attributi che consentono agli studenti di adattarsi al mondo che cambia. Le sue caratteristiche sono incorporate in un programma di studi in cui gli studenti sono impegnati a risolvere problemi, condurre indagini o sviluppare progetti.

Friedman cita i motivi per cui la maggior parte degli scienziati evita di educare alla pseudoscienza, tra cui il fatto che prestare un'attenzione eccessiva alla pseudoscienza potrebbe degnarla.

D'altra parte, Park sottolinea come la pseudoscienza possa essere una minaccia per la società e ritiene che gli scienziati abbiano la responsabilità di insegnare a distinguere la scienza dalla pseudoscienza.

Le pseudoscienze come l'omeopatia, anche se generalmente benigne, sono utilizzate da ciarlatani. Ciò rappresenta un problema serio perché consente a professionisti incompetenti di amministrare l'assistenza sanitaria. Gli zeloti che credono davvero possono rappresentare una minaccia più grave dei tipici truffatori, a causa della loro delusione per l'ideologia dell'omeopatia. L'assistenza sanitaria irrazionale non è innocua ed è imprudente creare la fiducia dei pazienti nella pseudomedicina.

L'8 dicembre 2016 il giornalista Michael V. LeVine ha sottolineato i pericoli posti dal sito web *Natural News*: "I venditori di olio di serpente hanno spinto false cure fin dagli albori della medicina, e ora siti web come *Natural News* inondano i social media con pericolose pseudoscienze anti-farmaceutiche, anti-vaccinazioni e anti-OGM che mettono milioni di persone a rischio di contrarre malattie prevenibili".

Il movimento anti-vaccini ha convinto un gran numero di genitori a non vaccinare i propri figli, citando ricerche pseudoscientifiche che collegano i vaccini infantili all'insorgenza dell'autismo. Tra queste, lo studio di Andrew Wakefield, che sosteneva che una combinazione di malattie gastrointestinali e regressione dello sviluppo, spesso riscontrate nei bambini con ASD, si verificava entro due settimane dalla somministrazione dei vaccini. Lo studio è stato poi ritrattato dal suo editore e a Wakefield è stata tolta la licenza di esercitare la professione medica.

CPSIA information can be obtained
at www.ICGtesting.com
Printed in the USA
BVHW030040220722
642761BV00010B/1172